T0182572

Open Earth: Mammals Unlocked / Tierra abierta: Mamíferos descubiertos
Paperback first edition • October 2024 • ISBN: 978-1-958629-15-4
Hardcover first edition • March 2024 • ISBN: 978-1-958629-30-7
eBook first edition • March 2024 • ISBN: 978-1-958629-16-1

Written by Dia L. Michels, Text © 2023
Illustrations by Bonnie Hofkin, Illustrations © 2023

Project Manager, Cover and Book Design: Caitlin Burnham
Senior Editor: Sarah Cox
Translation by: Pilar Suescum
Spanish-language Consultants: Andrea Batista and Ali Trujillo
Editors: Marlee Brooks and Hannah Thelen
Editorial Assistants:
  Jennifer Coon, Shannon Dinniman, Carmina López, Claire Romine, Charlotte Shao, Susan Stark

Available in English as Open Earth: Mammals Unlocked:
  English Hardcover first edition • November 2023 • ISBN: 978-1-958629-29-1
  English Paperback first edition • October 2024 • ISBN: 978-1-958629-13-0
  English eBook first edition • November 2023 • ISBN: 978-1-958629-14-7

Published by:
  Science, Naturally! – An imprint of Platypus Media, LLC
    750 First Street NE, Suite 700
    Washington, DC 20002
    202-465-4798 • Fax: 202-558-2132
    Info@ScienceNaturally.com • ScienceNaturally.com

Distributed to the book trade by:
  National Book Network (North America)
    301-459-3366 • Toll-free: 800-462-6420
    CustomerCare@NBNbooks.com •NBNbooks.com
  NBN International (worldwide)
    NBNi.Cservs@IngramContent.com • Distribution.NBNi.co.uk

Library of Congress Control Number: 2023945733

10 9 8 7 6 5 4 3 2 1

Schools, libraries, government and non-profit organizations can receive a bulk discount for quantity
orders. Contact us at the address above or email us at Info@ScienceNaturally.com.

Printed in China.

OPEN EARTH ◉ TIERRA ABIERTA

MAMMALS
UNLOCKED

—

MAMÍFEROS
DESCUBIERTOS

Written by Dia L. Michels
Illustrations by Bonnie Hofkin

Science, Naturally!
An imprint of Platypus Media, LLC
Washington, D.C.

Dear Reader,

On a daily basis, you probably interact with more mammals than you realize. You may cuddle up with a mammal at bedtime, but scream when you see one in the hallway in the middle of the night. You may feed one at the zoo and then eat one for dinner. You may hear one scurrying about in your basement or flying around in your attic. Our relationship with mammals can get complicated. We love them, we live with them, we fear them.

Mammals Unlocked is my third book about this unique class of animals. My interest in mammals was sparked during my first pregnancy. Instead of a joyous mother-to-be basking in her pregnancy glow, I was a wreck. For me, it was a nightmare of endless morning sickness, fatigue, and panic attacks. I seriously wondered whether I was carrying a child or a monster!

Nine months on the sofa gave me a lot of time to think about mammalian motherhood. Fast forward three decades and I am still thinking about it. What can we learn from seeing how different species reproduce and raise their offspring? Is our goal for maturity to be independent or interdependent? How do we learn the skills we need for survival?

All mammals share three key features (as you will learn in the first chapter!). And yet, among the thousands of mammal species, there are so many differences. Some count their time on this planet in months; others live for centuries. Some rarely leave their tree branch; others roam thousands of miles every year. Some live happily munching on leaves; others must hunt to survive.

There is no quick way to study mammals. You could spend your whole life learning about just one species. But the more we learn about these fascinating creatures, the more we learn about ourselves. Who doesn't watch fondly as a mother elephant nurtures her newborn, or laugh at a chimpanzee's playful antics?

And who doesn't reel in horror when a winded elk is overtaken by a snarling wolf pack?

You are about to embark on an exciting exploration of mammals and their habitats—from blistering deserts to icy glaciers, from tangled rainforests to wide open plains, from mountain heights to ocean depths. I hope this book unlocks for you the world of mammals and leaves you standing in awe of these amazing creatures.

From one mammal enthusiast to another... happy reading!

Querido lector,

Probablemente tienes contacto diario con más mamíferos de lo que sospechas. Tal vez te acurrucas con un mamífero a la hora de dormir, pero gritas si te topas con otro en el pasillo de noche. Posiblemente alimentas a uno en el zoológico y te comes otro al cenar. Puede ser que escuches uno escabulléndose en el sótano o volando en el ático. Nuestra relación con mamíferos puede volverse compleja. Los amamos, convivimos con ellos y les tememos.

Mamíferos Descubiertos es mi tercer libro acerca de esta excepcional categoría de animales. Mi interés en los mamíferos comenzó durante mi primer embarazo. En lugar de ser una mujer feliz y resplandeciente por el embarazo, estaba hecha pedazos. Mi embarazo fue una pesadilla interminable de náuseas, fatiga y ataques de nervios. ¡Realmente me preguntaba si llevaba en mi vientre un bebé o un monstruo!

Nueve meses tirada en un sofá me dieron mucho tiempo para reflexionar acerca de la maternidad mamífera. Treinta años después continúo meditando sobre el tema. ¿Qué podemos aprender de observar a otras especies reproducirse y criar a sus bebés? ¿Nuestra meta de madurez es ser independientes o interdependientes? ¿Cómo aprendemos las destrezas necesarias para sobrevivir?

Como aprenderás en el Capítulo 1, todos los mamíferos compartimos tres características claves. Aun así, entre los miles de especies de mamíferos existen muchísimas diferencias. Algunos mamíferos cuentan tan solo con meses de vida en el planeta, otros viven por siglos. Algunos, rara vez se alejan de la rama de un árbol, otros se desplazan miles de millas todos los años. Algunos son felices masticando hojas, otros deben cazar para sobrevivir.

No hay manera rápida de estudiar a los mamíferos. Puedes pasar toda una vida estudiando solo una especie. Pero mientras más aprendemos de estas fascinantes criaturas, más aprendemos sobre nosotros mismos. ¿Quién no ha observado con dulzura a una madre elefante cuidar de su recién nacido, o no se ha reído de las juguetonas travesuras de un chimpancé? ¿Y quién no se espanta de horror al ver una jauría de lobos alcanzar un uapití agotado?

Estás por embarcar en una emocionante exploración de los mamíferos y sus entornos naturales – desde ardientes desiertos a helados glaciares, desde densas selvas tropicales a vastas llanuras, desde la altura de las montañas a las profundidades del mar. Ojalá este libro te revele el mundo de los mamíferos y quedes asombrado por estas extraordinarias criaturas.

De una aficionada de mamíferos a otra ¡que disfrutes la lectura!

For the humans, cats, and dogs who bring me such joy!

¡Para los humanos, gatos y perros que me dan tanta alegría!

-D.L.M.

To Bill. My anchor. My confidant. My best friend. Maaaah!

A Bill. Mi ancla. Mi mayor confidente. Mi mejor amigo. Beeee!

-B.H.

For my parents, who instilled in me a love of learning.

Para mis padres, que me inculcaron el amor por el aprendizaje.

-S.C.

Acknowledgments

Writing this book was quite an undertaking. Though I earned the author credit, it was a team effort that involved months of research, endless fact-checking, and hours of discussion. We discovered mammals we had never heard of before and learned new facts about common ones. Every answered question opened up a dozen new questions, leading us back to further research and discussion. I am grateful to my amazing team: Caitlin Burnham, Sarah Cox, Ellen Roberts, Claire Romine, Marlee Brooks, and Hannah Thelen.

Table of Contents

The Wonderful World of Mammals

El maravilloso mundo de los mamíferos

The world of mammals is filled with thousands of amazing species. Mammals come in all sizes, from the tiny, squeaking mouse to the huge, trumpeting elephant. Some mammals have coats of thick fur, others have armor-like skin, and some even have scales. Mammals live all over the world and in all types of habitats. There are mammals in the desert, in the forest, in the city, in the ocean, up in the sky, and under the ground. Though mammals may look very different from each other, they all have the same key features that distinguish them from other animals. Read on to discover the wonderful world of mammals!

El mundo de los mamíferos está colmado de miles de especies maravillosas. Los mamíferos vienen en todos los tamaños, desde los diminutos y chillones ratones al gran elefante que barrita. Algunos mamíferos cuentan con pelaje grueso, otros tienen piel acorazada y algunos hasta tienen escamas. Los mamíferos viven en todo el mundo y en toda clase de entornos. Hay mamíferos en el desierto, el bosque, la ciudad, el océano, en el aire y bajo tierra. Aunque uno pueda parecer muy distinto de otro, todo mamífero comparte las mismas características clave que lo distinguen de otros animales. ¡Continúa leyendo para descubrir el maravilloso mundo de los mamíferos!

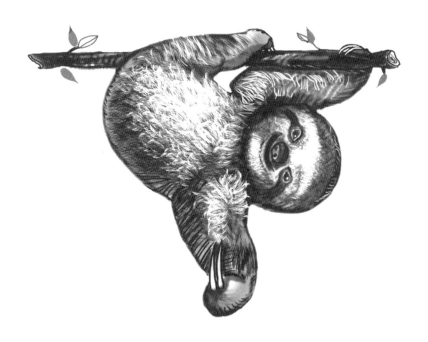

True or false?
All mammals are animals.

¿Cierto o falso?
Todo mamífero es un animal.

Question 1 | *Pregunta 1*

Domain / *Dominio*	Eukarya
Kingdom / *Reino*	Animalia
Phylum / *Filo*	Chordata
Class / *Clase*	Mammalia
Order / *Orden*	Pilosa
Family / *Familia*	Megalonychidae
Genus / *Género*	Choloepus
Species / *Especie*	C. didactylus

Answer: True

Living organisms, from plants to people, are divided into the following categories: domain, kingdom, phylum, class, order, family, genus, and species. An easy way to remember this is "Daring King Phillip Came Over From German Shores." All animals are in kingdom Animalia. All mammals are in class Mammalia. Thus, all mammals are animals because they are part of kingdom Animalia. So, all mammals are animals, but not all animals are mammals. Some animals may be in a different class, such as Reptilia or Amphibia.

Respuesta: Cierto

Todos los organismos vivos, desde las plantas hasta los seres humanos, se clasifican en las siguientes categorías: Dominio, Reino, Filo o División, Clase, Orden, Familia, Género y Especie. Todos los animales son parte del Reino Animalia. Todos los mamíferos son parte de la Clase Mammalia. Por lo tanto, todos los mamíferos son animales, porque son parte del Reino Animalia. Entonces, todos los mamíferos son animales, pero no todos los animales son mamíferos. Algunos animales pueden estar en clases distintas, como la Clase Reptilia o Amphibia.

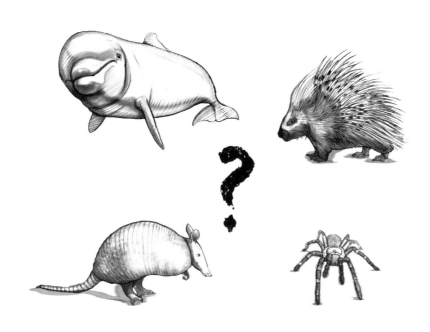

Which of the following animals is not a mammal?

¿Cuál de los siguientes animales no es un mamífero?

a) Armadillo *Armadillo*
b) Tarantula *Tarántula*
c) Dolphin *Delfín*
d) Porcupine *Puercoespín*

Answer: b) Tarantula

Three key features are found exclusively in mammals: hair or fur, three middle ear bones, and females who produce **milk** to feed their babies. No other class of animals has these three features. Even though a tarantula looks furry, its "hairs" are not true hair. A tarantula has no mammalian features; it belongs to a completely different class: Arachnids. Tough-skinned armadillos, slippery dolphins, and prickly porcupines do not appear furry like most other mammals, but they each have some form of hair, as well as the other two mammalian features.

Respuesta: b) Tarántula

*Solo los mamíferos comparten las siguientes tres características: pelo o pelaje, tres huesecillos del oído medio, y hembras que producen **leche** para alimentar a sus bebés. Ninguna otra clase de animales posee estas tres características. Aunque la tarántula parece peluda, sus «pelos» no son pelos genuinos. Una tarántula no comparte ninguna característica mamífera; pertenece a una clase totalmente distinta: Arácnidos. Los acorazados armadillos, resbalosos delfines y espinosos puercoespines no parecen tan peludos como la mayoría de los otros mamíferos, pero todos tienen algún tipo de pelo y comparten las otras dos características mamíferas.*

True or false?
Humans are mammals.

¿Cierto o falso?
Los humanos son mamíferos.

Question 3 | *Pregunta 3*

Domain / *Dominio*:	Eukarya
Kingdom / *Reino*:	Animalia
Phylum / *Filo*:	Chordata
Class / *Clase*:	Mammalia
Order / *Orden*:	Primate
Family / *Familia*:	Hominidae
Genus / *Género*:	Homo
Species / *Especie*:	Homo sapiens

Answer: True

Humans are biologically classified as mammals. We are our own species of mammal called *Homo sapiens*, which means "wise man" in Latin. There are many differences that separate us from the rest of the mammal world. For example, we wear clothes, we cook our food, and we can write. But we are classified as mammals because we have the same three special features of mammals: we have hair, we have three middle ear bones, and our mothers produce milk to feed us when we are babies.

Respuesta: Cierto

Biológicamente los humanos somos clasificados como mamíferos. Formamos nuestra propia especie de mamífero llamada Homo sapiens, *que significa «hombre sabio» en latín. Muchas diferencias nos separan del resto del mundo mamífero. Por ejemplo, usamos ropa, cocinamos nuestro alimento y podemos escribir. Sin embargo, somos clasificados como mamíferos porque contamos con las tres características especiales de los mamíferos: tenemos pelo, tenemos tres huesecillos en el oído medio, y nuestras madres producen leche para alimentarnos cuando somos bebés.*

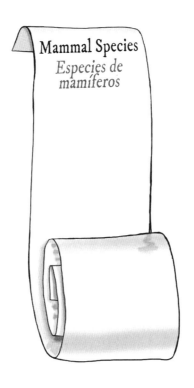

Mammal Species
Especies de mamíferos

How many different species of mammals are there?

¿Cuántas especies distintas de mamíferos existen?

Question 4 ı *Pregunta 4*

Answer: Over 6,400

A species is the most specific category of **classification** for living organisms. Mammals within a species are very similar and are able to breed with each other. There are over 6,400 different species of mammals in the world and more are discovered each year. Some types of mammals have very few species, while others have many. For example, there is only one known species of platypus, but there are almost 1,000 different species of bats. Mammals live all over the world—on all seven continents and in all five oceans.

Respuesta: Más de 6400

*Una especie es la categoría de **clasificación** más específica de organismos vivos. Los mamíferos de la misma especie se asemejan mucho y son capaces de reproducirse entre sí. Existen más de 6400 diferentes especies de mamíferos en el mundo y cada año se descubren más. Algunos tipos de mamíferos cuentan con muy pocas especies, mientras otras tienen muchas. Por ejemplo, solo se conoce una especie de ornitorrinco, pero existen más de 1000 especies distintas de murciélagos. Los mamíferos viven en todo el mundo, en cada uno de los siete continentes y los cinco océanos.*

20

When two mammals from different species reproduce, what is their young called?

¿Cuando se reproducen dos mamíferos de diferentes especies, cómo se llaman sus crías?

a) Subspecies *Subespecie*
b) Hybrid *Híbrido*
c) Taxon *Taxón*
d) Bi-breed *Bi-racial*

Question 5 | *Pregunta 5*

Answer: b) Hybrid

Sometimes two different species are purposely bred because the resulting **hybrid** has better qualities than either parent. The mule, which is the product of a male donkey and a female horse, has been bred since ancient times because it is strong and sure-footed. Hybrids may also occur in the wild when the **habitats** of two different species overlap. Polar bears and grizzly bears in the Canadian Arctic have been known to interbreed, producing a hybrid called a pizzly or grolar bear. Hybrids are not their own species, as they are generally unable to produce babies.

Respuesta: b) Híbrido

*Algunas veces se cruzan dos especies a propósito, porque el **híbrido** resulta tener mejores cualidades que ambos padres. La mula, que es el producto de cruzar un burro macho y una yegua, se han criado desde la antigüedad por su fortaleza y su paso seguro. Cuando dos especies distintas comparten el mismo **hábitat**, los híbridos pueden ocurrir naturalmente. Se sabe que se han cruzado osos polares con osos grizzly en el ártico canadiense, produciendo un híbrido llamado oso grolar. Los híbridos no son una especie independiente porque generalmente no pueden producir crías.*

Though some mammals have fins to swim or wings to fly, most mammals move around on four _____.

Aunque algunos mamíferos tienen aletas para nadar o alas para volar, la mayoría se transportan sobre cuatro _____.

Question 6 | *Pregunta 6*

Answer: limbs

Kangaroos jump, elephants shuffle, monkeys swing, armadillos waddle. The world of mammals has many different forms of movement. All land mammals have two sets of jointed body parts, called **limbs**, with which they move their bodies. For mammals who move on all fours, such as elephants and armadillos, their limbs are referred to as front legs and hind legs. For mammals who move in an upright position, such as kangaroos and monkeys, their limbs are called arms and legs.

Respuesta: extremidades

Los canguros saltan, los elefantes caminan arrastrando sus patas, los monos se mecen, los armadillos se balancean. Existen muchas maneras de moverse en el mundo de los mamíferos. Todos los mamíferos terrestres cuentan con dos pares de miembros con coyunturas, llamados **extremidades**, *con los cuales mueven sus cuerpos. Cuando las cuatro extremidades se usan para caminar, como en el caso de los elefantes y armadillos, estas reciben el nombre de patas o piernas delanteras y patas o piernas traseras. A las extremidades de mamíferos que caminan erectos, como los canguros y monos, se les llama brazos y piernas.*

True or false?
If a mammal is a predator, its eyes are set in the front of its head.

¿Cierto o falso?
Los mamíferos depredadores tienen ojos al frente de sus cabezas.

Answer: True

Predatory mammals, such as cats, weasels, and bears, hunt other animals for food. Their eyes are set in the front of their heads, allowing them to see depth and distance when they chase their prey. Mammals such as deer, rabbits, and goats are preyed upon by other animals. **Prey** mammals have eyes that are set on the sides of their heads, allowing them to see predators approaching from the side. Some prey mammals, such as sheep, can even see behind themselves without turning their heads.

Respuesta: Cierto

*Mamíferos **depredadores**, como los gatos, las comadrejas y los osos, cazan otros animales para alimentarse. Sus ojos están ubicados al frente de sus cabezas para permitirles percibir profundidad y distancia cuando persiguen su presa. Mamíferos como los venados, conejos y cabras son presa de otros animales. Los mamíferos de **presa** tienen ojos a los lados de su cabeza para permitirles ver depredadores acercarse de los lados. Algunos mamíferos, como las ovejas, hasta pueden ver hacia atrás sin girar sus cabezas.*

Which of the following terms describes a mammal that eats both meat and plants?

¿Cuál de los siguientes términos describe un mamífero que se alimenta de ambos, carne y plantas?

a) Binovore *Binívoro*
b) Polyvore *Polívoro*
c) Macrovore *Macróvoro*
d) Omnivore *Omnívoro*

Question 8 | *Pregunta 8*

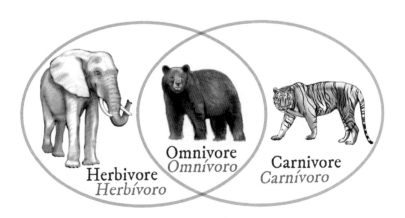

Answer: d) Omnivore

Mammals can be categorized by what type of food they eat. Bears are **omnivores** because they eat a wide variety of foods, including berries, nuts, insects, fish, and other mammals. Plant-eaters such as elephants are called **herbivores**. Cats hunt animals for meat, so they are called **carnivores**. Anteaters are called **insectivores** because they mostly eat ants and other insects. Orangutans primarily eat fruit, so they are called **frugivores**. Vampire bats are **sanguivores**, which means they feed on blood.

Respuesta: d) Omnívoro

*Los mamíferos se pueden clasificar de acuerdo a su alimento. Los osos son **omnívoros** porque comen una gran variedad de alimentos, como bayas, frutos secos, insectos, peces y otros mamíferos. Los animales que se alimentan de plantas, como los elefantes, se llaman **herbívoros**. Los gatos cazan animales por su carne, por lo cual se llaman **carnívoros**. Los osos hormigueros son **insectívoros** porque principalmente se alimentan de hormigas y otros insectos. Los orangutanes principalmente comen frutas, por lo que se les llama **frugívoros**. El murciélago vampiro es **hematófago**, que significa que se alimenta de sangre.*

A mammal with a(n) _____ tail is able to use it for holding onto objects such as tree branches or pieces of food.

La cola _____ de un mamífero puede ser usada para aferrarse de objetos como ramas de árboles o pedazos de comida.

Answer: prehensile

Prehensile comes from a Latin word that means "to grasp." A prehensile tail has highly developed muscles and acts like a fifth limb, able to wrap around branches, hold onto objects, and even support the mammal's body weight while hanging upside down. For example, a spider monkey might wrap its tail around a tree branch to anchor itself and then reach downward to pick a piece of fruit from another branch. Other mammals with prehensile tails include opossums, tree porcupines, and binturongs.

Respuesta: prensil

La raíz de **prensil** *es la palabra prensus en latín, que significa agarrar. Una cola prensil tiene músculos altamente desarrollados y funciona como una quinta extremidad, capaz de enrollarse en ramas, sostener objetos y hasta sostener el peso del mamífero colgado de cabeza. Por ejemplo, el mono araña puede aferrarse por la cola de la rama de un árbol y alcanzar la fruta que cuelga de una rama más baja. Otros mamíferos con colas prensiles incluyen las zarigüeyas, puercoespines arborícolas y los binturong o gatos osunos.*

True or false?
All mammals can make sounds to communicate.

¿Cierto o falso?
Todos los mamíferos pueden producir
sonidos para comunicarse.

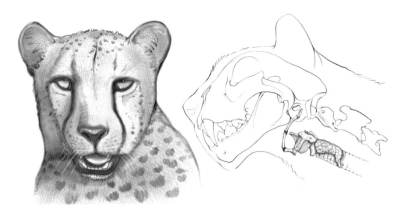

Answer: True

Lions roar, cows moo, mice squeak, dolphins click, cheetahs purr, hippos grunt, hyenas laugh, giraffes hum—all mammals have a special part of their throat, called the **larynx**, that allows them to make sounds to communicate. Mammals make different noises depending on the situation. For example, a dog might bark if it is happy, whimper if it is scared, or whine if it is lonely. A vervet monkey can make different warning sounds depending on if a predator is a leopard, an eagle, or a snake. Mammals also make specific sounds for protecting their territories, attracting mates, and identifying their young.

Respuesta: Cierto

*Los leones rugen, las vacas mugen, los ratones chirrean, los delfines hacen chasquidos, los guepardos ronronean, los hipopótamos gruñen, las hienas se ríen, las jirafas roncan y zumban. Todos los mamíferos cuentan con una parte especial en la garganta llamada **laringe**, que les permite hacer sonidos para comunicarse. Los mamíferos hacen distintos sonidos dependiendo de la situación. Por ejemplo, un perro puede ladrar de alegría, aullar si está asustado, o gemir si se siente solo. Un mono vervet puede hacer distintos sonidos de alarma, dependiendo si el depredador es un leopardo, un águila o una serpiente. Los mamíferos también pueden hacer sonidos específicos para proteger sus territorios, atraer parejas e identificar a sus crías.*

**Ungulates are mammals that have
_____ instead of paws.**

*Los ungulados son mamíferos que tienen
_____ en lugar de patas.*

33

Answer: hooves

Ungulates get their name from the Latin word *ungula*, which means "hoof." Instead of paws, these mammals walk around on hooves, which are basically giant toenails. Most large land mammals are ungulates, and are divided into two groups: odd-toed and even-toed. Odd-toed ungulates include horses, tapirs, and rhinos. Even-toed ungulates, such as deer, pigs, camels, and cows, have two toes covered by hooves, which looks like a single hoof split in half. These ungulates are also referred to as "cloven-hoofed."

Respuesta: pezuñas o cascos

*La raíz de la palabra **ungulado** es la palabra en latín* ungula, *que significa uña o pezuña. En lugar de patas, estos mamíferos caminan sobre pezuñas, que son esencialmente uñas enormes. La mayoría de los mamíferos terrestres grandes son ungulados, y se dividen en dos grupos: los perisodáctilos y los artiodáctilos. Los ungulados perisodáctilos incluyen los caballos, tapires y rinocerontes. Los ungulados artiodáctilos, como los ciervos, cerdos, camellos y vacas, cuentan con dos dedos cubiertos por uñas que parecen ser un solo casco partido por la mitad. A estos ungulados se les llama «de pezuña hendida».*

On the Farm

En la granja

Mammals such as horses, cows, sheep, and pigs have lived and worked alongside humans for thousands of years. Farm mammals play an important role in human life all over the world. Depending on the species, these mammals may be used for transportation or field work. They may be ridden or used to pull carts. They help graze land, and their waste even fertilizes the soil. Others may be raised for **milk**, meat, **wool**, or leather. Even though they live mostly outdoors, farm mammals are tame rather than wild. But being tame does not mean these mammals are boring. Off to the farm!

*Mamíferos como los caballos, vacas, ovejas y cerdos han convivido y trabajado junto a los humanos por milenios. Los mamíferos de granja juegan un papel importante en la vida humana en el mundo entero. Dependiendo de la especie, los mamíferos pueden ser usados para transporte o faenas de campo. Pueden ser montados o usados para arrastrar carretas. Cuando pastan en el campo, pueden ayudar a remover la tierra y su excremento hasta la fertiliza. Otros pueden ser criados por su **leche**, carne, **lana** o cuero. Aunque viven principalmente al aire libre, los mamíferos de granja son mansos, no salvajes. Pero estos mamíferos no son aburridos por ser mansos. ¡Vayamos a la finca!*

The process for teaching a mammal to depend on humans for food and shelter is called _____ .

El proceso de enseñarle a un mamífero a depender de los humanos para su alimento y refugio se llama _____ .

Question 12 | *Pregunta 12*

Answer: domestication

A **domesticated** mammal is a species that has been tamed to meet people's needs, such as transportation, protection, clothing, and food. Most farm mammals, like horses, cows, sheep, and pigs, have been domestic for thousands of years. This is also true for mammals that are kept as pets, such as dogs and cats. It is possible to find wild species that are related to domestic mammals; for example, the Mongolian wild horse or the coyote. A truly domesticated species depends on human care and would not easily survive in the wild.

Respuesta: domesticación

*Un mamífero **domesticado** es una especie que ha sido amansada para atender las necesidades de seres humanos, tal como transporte, protección, ropa y alimento. La mayoría de los mamíferos de granja, como los caballos, las ovejas y los cerdos, han sido domesticados por milenios. Esto también es cierto de mamíferos que tenemos de mascotas, como los perros y los gatos. Es posible encontrar especies salvajes que son parientes de mamíferos domésticos, tal como el caballo de Przewalski o el coyote. Una especie verdaderamente domesticada depende del cuidado humano y no sobreviviría fácilmente en estado salvaje.*

How long does a cow chew its food?

¿Cuánto tiempo masca una vaca su comida?

Question 13 | *Pregunta 13*

Answer: For about eight hours

When a cow takes a mouthful of food such as grass or hay, it does not chew it completely before swallowing. This is because a special part of the cow's stomach, called the **rumen**, will actually send the partially-chewed plant material, or cud, back into the cow's mouth to be chewed more. This process, called "chewing the cud," takes about eight hours until the tough, fibrous plant material is broken down enough for the cow to digest it. A cow is referred to as a **ruminant** because of how it eats and digests. Other ruminant mammals include sheep, goats, deer, and giraffes.

Respuesta: Aproximadamente ocho horas

*Cuando una vaca toma un bocado de comida como pasto o heno, no la mastica completamente antes de tragársela. Esto es porque una parte especial del estómago de la vaca, llamada el **rumen** o **panza**, envía el material vegetal parcialmente masticado, o bolo alimenticio, de regreso a la boca de la vaca para que continúe masticándolo. Este proceso se llama «rumiar». Toma más o menos ocho horas moler el material vegetal duro y fibroso suficientemente para ser digerido por la vaca. A las vacas se les llama **rumiantes** por la forma en que comen y digieren. Otros mamíferos rumiantes incluyen ovejas, cabras, ciervos y jirafas.*

What is the standard way to determine a horse's age?

¿Cuál es la forma más común para calcular la edad de un caballo?

a) Length of tail *El largo de la cola*
b) Size of hooves *El tamaño de los cascos*
c) Condition of teeth *La condición de sus dientes*
d) Color of muzzle *El color de su hocico*

Answer: c) Condition of teeth

A horse's teeth change throughout its lifetime. Horses are born toothless, and the first teeth they grow, called "milk teeth," eventually fall out. By the time a horse is about five years old, it will have all of its permanent teeth. Horses are not ruminants, so they must chew their food completely before swallowing. Hours of rhythmic chewing movements throughout a horse's lifetime create specific patterns of wear on its teeth. For example, a young horse has wide, flat teeth, but an older horse's teeth have been worn down to a more triangular shape.

Respuesta: c) La condición de sus dientes

Los dientes de un caballo cambian a lo largo de su vida. Los caballos nacen sin dientes, y sus primeros dientes, llamados «de leche», finalmente se caen. Un caballo cuenta con todos sus dientes permanentes más o menos a los cinco años. Los caballos no son rumiantes, por lo cual deben masticar completamente su comida antes de tragársela. Masticar comida rítmicamente durante tantas horas en la vida del caballo produce ciertas marcas de desgaste en sus dientes. Por ejemplo, un caballo joven tiene dientes anchos y planos, pero los dientes de un caballo mayor estarán desgastados a una forma más triangular.

A sheep's fine, curly hair is called _____ .

El pelaje fino y rizado de una oveja se llama _____ .

Answer: wool

Have you ever wondered how a sheep's wool becomes a piece of clothing? First, the sheep is sheared, which is just like getting a haircut. This is done in the spring to help the sheep stay cool in the summer. Then the clipped-off coat, called a **fleece**, is sorted to separate the rough fibers from the soft ones. The wool is then cleaned to remove oil, dirt, and hay. Next comes carding, where the wool is combed through metal teeth to smooth and straighten it. Finally, it is spun into yarn, which can be woven to make fabric or knitted to make garments.

Respuesta: lana

*¿Alguna vez te has preguntado cómo se convierte la lana de una oveja en una pieza de ropa? Primero, se esquila la oveja, que es lo mismo que cortarse el pelo. Esto se hace en la primavera para ayudarle a mantenerse fresca durante el verano. Entonces el pelaje cortado, llamado **vellón**, se surte para separar las fibras duras de las suaves. Luego la lana se limpia para quitarle el aceite, suciedad y heno. Después la lana se carda y se peina con peinillas de metal para alisarla y enderezarla. Finalmente, se la hila para que pueda ser tejida a máquina o con agujas de tejer para hacer tela o ropa.*

How many times a day does a mouse eat?

¿Cuántas veces al día come un ratón?

Answer: 15 to 20 times

Despite its small body and tiny stomach, a mouse eats as often as it can. This is usually 15 to 20 times a day, depending on how much food it can find. Because a mouse uses up so much energy as it scurries around, it must eat often. A mouse will eat just about anything, but prefers grains, fruits, and seeds. During the summer when a mouse can find many things to eat, it saves some food for winter by storing it in places like empty burrows, under rocks, or even in the nooks and crannies of old houses.

Respuesta: 15 a 20 veces

A pesar de su diminuto cuerpo y estómago, un ratón come cuantas veces puede. Generalmente esto puede ser entre 15 y 20 veces al día, dependiendo de cuánto alimento encuentre. Como consume mucha energía escabulléndose de un lado a otro, el ratón necesita comer frecuentemente. El ratón come casi cualquier cosa, pero prefiere granos, frutas y semillas. Durante el verano, cuando el ratón puede encontrar mucha comida, la almacena para el invierno, guardándola en sitios como madrigueras vacías, debajo de piedras, o hasta los rincones y escondrijos de casas viejas.

A llama is related to which of the following mammals?

¿La llama es pariente de cuál de los siguientes mamíferos?

a) Horse *Caballo*
b) Camel *Camello*
c) Deer *Ciervo*
d) Goat *Cabra*

Answer: b) Camel

Native to South America, the llama is part of the camel family.
An adult llama is about the size of a large pony, with skinny legs and a
long neck, but it does not have a humped back like a camel. In South
American countries, llamas have been used for thousands of years for
transportation, work, clothing, and food. Llamas have become popular
farm mammals because their hair can be spun like sheep's wool to
make textiles. Llamas also have a strong guarding instinct and are
often used to protect livestock.

Respuesta: b) Camello

*Nativa de Suramérica, la llama es parte de la familia de los camellos.
Una llama adulta es más o menos del tamaño de un potrillo grande, con
piernas delgadas y un cuello largo, pero no tiene la joroba del camello.
En países suramericanos, las llamas han sido usadas por milenios para
transporte, faenas, ropa y comida. Las llamas se han vuelto mamíferos de
granja muy populares porque su pelaje puede ser hilado, igual que la lana
de oveja, para producir textiles. Las llamas también tienen un fuerte
instinto protector y se usan frecuentemente para proteger el ganado.*

The _____ is a species of cattle known for its humped shoulders.

El _____ es una especie de vaca reconocida por la joroba sobre sus hombros.

Question 18 | Pregunta 18

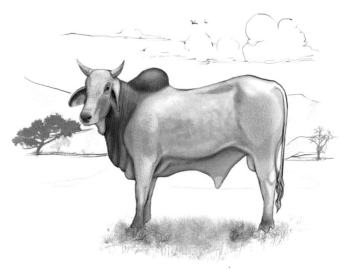

Answer: zebu

Native to southern Asia, the zebu is a small breed of cow with some uncommon features: droopy ears, horns that point upward, and a saggy neckline called a **dewlap**. But the zebu's defining feature is the large hump on top of its shoulders. Made of muscle and fat cells, the hump contains lots of blood vessels that release heat through the skin, which helps the zebu stay cool. This is important because the zebu lives in very hot climates. Many native peoples in Africa and Asia use zebus for transportation and farm work, dairy, meat, and leather.

Respuesta: cebú

Nativo del sur de Asia, el cebú es una raza de vaca pequeña con algunas características inusuales: orejas caídas, cuernos que apuntan hacia arriba, y piel que le cuelga del cuello, llamada **papada**. *Pero la característica más distintiva es la joroba sobre sus hombros. Conformada de células de músculo y grasa, la joroba contiene muchos vasos sanguíneos que descargan al calor a través de la piel, que ayudan a mantener fresco al cebú. Esto es importante porque el cebú vive en climas muy calientes. Muchas personas nativas a África y Asia usan al cebú para transporte, faenas de granja, lechería, carne y cuero.*

True or false?
Donkeys are stubborn and unintelligent.

¿Cierto o falso?
Los burros son tercos y poco inteligentes.

Question 19 | *Pregunta 19*

Answer: False

A member of the horse family, the donkey has been used for thousands of years for work and transportation. Though donkeys are usually portrayed as stubborn and unintelligent, they are actually very smart mammals. Studies have shown that donkeys have a great memory and can remember complicated routes. While some mammals run away if they are threatened, a donkey will assess the situation and decide whether to fight back or run for safety. This is why a donkey might seem stubborn and unintelligent, when in fact it is taking time to make a decision.

Respuesta: Falso

Miembro de la familia de los caballos, el burro se ha usado por milenios para trabajo y transporte. Aunque frecuentemente se les representa como tercos y burros o poco inteligentes, son animales realmente muy inteligentes. Estudios han demostrado que los burros tienen una excelente memoria y que se acuerdan de rutas complicadas. Mientras que algunos mamíferos huyen al sentirse amenazados, un burro evalúa la situación y decide si es mejor combatir o huir. Es por esto que un burro puede parecer terco y poco inteligente, cuando en realidad está tomando su tiempo para tomar una decisión.

How many different colors can a dog see?

¿Cuántos colores diferentes puede ver un perro?

Answer: Three

It was long thought that dogs could only see different shades of gray. However, scientists have since learned that dogs are also able to see blue and yellow, though the colors do not look as bright as they do for humans. Dogs are color blind to red and green, meaning that these colors are hard to tell apart. For example, if a dog seems to ignore a red toy on green grass, it is most likely because the toy is hard to see. But if the toy is yellow or blue, the dog will be able to see it better and want to play.

Respuesta: Tres

Durante mucho tiempo se pensó que los perros solo pueden ver grados del color gris. Sin embargo, los científicos han descubierto que los perros también pueden ver el azul y el amarillo, aunque no perciben los colores en tonos tan brillantes como los seres humanos. Los perros son ciegos al color rojo y verde, lo que les hace difícil distinguir estos colores. Por ejemplo, si un perro no pone atención a un juguete rojo en el césped verde, probablemente es porque le es difícil verlo. Pero si el juguete es amarillo o azul, el perro lo podrá ver mejor y querrá jugar con él.

True or false?
A cat is able to land on its feet if it falls.

¿Cierto o falso?
Si un gato se cae, puede caer de pie.

Answer: True

A cat's body is lightweight and flexible, allowing it to jump up to or down from heights of about eight feet. As graceful as a cat usually is, sometimes it may get spooked or distracted and fall from a significant height. If this happens, its body is specially designed to twist in mid-air so that the cat falls on all fours instead of on its back, usually saving it from injuries. This is called the righting reflex, since it allows the cat to land right-side up. The saying, "a cat has nine lives," came from this remarkable ability to survive falls.

Respuesta: Cierto

Aunque el gato generalmente es ágil y elegante, de vez en cuando puede asustarse o distraerse, y caer de una gran altura. Cuando esto sucede, su cuerpo está diseñado para torcerse a media caída, de manera que cae sobre sus cuatro patas en lugar de caer de espaldas, que generalmente la evita lastimarse. Este reflejo de enderezamiento permite al gato aterrizar de pie. El refrán, «el gato tiene siete vidas» nace de esta extraordinaria habilidad para sobrevivir caídas.

Which of these farm mammals is commonly raced for entertainment?

¿A cuál de estos animales de granja hacen correr en carreras para diversión?

a) Pig *Cerdo*
b) Lamb *Cordero*
c) Cow *Vaca*
d) Goat *Cabra*

Answer: a) Pig

Pig races are a popular form of entertainment in countries such as the United States and the United Kingdom. This family-friendly pastime is usually found at state fairs, celebrations, and charity events. Young pigs are small and quick, and love to run for short distances. The miniature racetrack may include easy obstacles such as tunnels, gates, or ramps. Each pig wears a little vest that is either numbered or color-coded. The winning pig is given a tasty treat, such as a cookie, for its prize.

Respuesta: a) Cerdo

Las carreras de cerdos son un pasatiempo popular en países como los Estados Unidos y el Reino Unido. Esta diversión familiar se ve frecuentemente en ferias, fiestas y eventos de caridad. Los cerdos jóvenes son pequeños, veloces, y les encanta correr distancias cortas. La mini-pista de carrera puede incluir obstáculos fáciles de evadir, como túneles, portones o rampas. Cada cerdito viste un pequeño chaleco numerado o de color diferente. Se premia al cerdo ganador con una sabrosa recompensa, como una galleta.

Through the Jungle

Dentro de la jungla

Jungle comes from the Hindi word *jangal*, which describes a tropical forest that has dense vegetation from the ground up. A rainforest is like a jungle, but the trees are so tall that they block out most of the Sun, preventing other plants from growing on the forest floor. These tropical forests can be found in regions around the equator, such as Africa, South America, and Asia. Though jungles and rainforests occupy a very small percentage of the Earth's surface, they are home to half of all plant and animal species. Find out about the fascinating mammals that live in this wet and wild **habitat**.

Jungla viene de la palabra hindi jangal, *que describe una selva tropical de densa vegetación desde el suelo para arriba. Una selva tropical lluviosa es como una jungla, pero los árboles son tan altos que ocultan el sol y no permiten que otras plantas crezcan en el suelo. Estas selvas tropicales se encuentran en sitios alrededor del ecuador, como África, Suramérica y Asia. A pesar de que las junglas y selvas tropicales lluviosas comprenden un bajo porcentaje de la superficie terrestre, son el hogar de la mitad de todas las especies de plantas y animales. Aprende más acerca de los fascinantes mamíferos que viven en este* **hábitat** *húmedo y salvaje.*

What is the most visible difference between an ape and a monkey?

¿Cuál es la diferencia más obvia entre un hominoideo y un mono o simio?

a) Ears *Orejas*
b) Tail *Cola*
c) Nose *Nariz*
d) Fur *Pelaje*

Question 23 | *Pregunta 23*

Answer: b) Tail

The terms "ape" and "monkey" are often confused. Though apes and monkeys are both **primates**, they are each in their own category. The easiest way to tell the difference between an ape and a monkey is the tail: an ape does not have a tail, but a monkey does. Another noticeable difference is body shape and structure. Ape species, such as chimpanzees, have a more upright form and larger shoulders to support their weight while swinging from tree branches. Monkey species, such as langurs, have a more lean, cat-like form and use their tails to help them move through trees.

Respuesta: b) Cola

Con frecuencia se confunden «hominoideos» y «mono» o «simio». Aunque ambos, los hominoideos y los monos o simios, son **primates***, cada uno tiene su propia categoría. Además, la palabra simio y mono son sinónimos. La forma más fácil de distinguir un hominoideo de un mono o simio es la cola. Un hominoideo no tiene cola y el mono o simio sí. Otra diferencia obvia es la forma y estructura de su cuerpo. La forma de las especies de hominoideos, como los chimpancés, es más erguida, con hombros grandes para sostener su peso cuando se mecen entre las ramas de los árboles. La forma de las especies de monos o simios, como los langures, es más esbelta, como la de los gatos, y usan sus colas para moverse con más facilidad entre los árboles.*

A tiger is called a(n)_____ predator because it is not hunted by other animals for food.

A un tigre se le llama un depredador _____ porque otros animales no lo cazan como alimento.

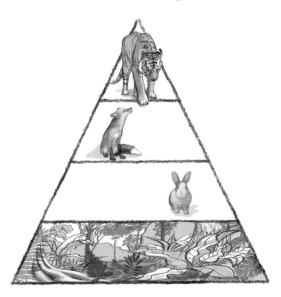

Answer: apex

The word *apex* means the very top of something; in this case, a **food chain**. A food chain is the order in which living organisms depend on each other for food. For example, a rabbit eats grass, a fox eats the rabbit, and a tiger eats the fox. Both the fox and the tiger are **predators**, but since the tiger is at the very top of the food chain, it is known as an **apex predator**. A tiger hunts other animals for food, but no other animal—whether mammal, reptile, or bird—hunts a tiger for food.

Respuesta: alpha

La palabra alpha *significa primero de algo, en este caso, de la **cadena alimenticia**. Una cadena alimenticia es el orden en el cual los seres vivientes dependen de otros como alimento. Por ejemplo, un conejo come hierba, una zorra se come el conejo, y un tigre se come la zorra. Ambos, la zorra y el tigre son **depredadores**, pero por estar en la cima de la cadena alimenticia, al tigre se le conoce como un **depredador** alpha. Un tigre caza otros animales como alimento, pero ningún otro animal, sea mamífero, reptil o ave – caza al tigre como alimento.*

How long is a giant anteater's tongue?

¿De qué largo es la lengua de un oso hormiguero gigante?

Question 25 | *Pregunta 25*

Answer: About 24 in, which is about 60 cm

A giant anteater's tongue is about as long as a child's shoelace. It is pink and shaped like a piece of spaghetti. Giant anteaters are **insectivores**, eating mostly ants and termites. The giant anteater uses its long, sticky tongue to reach inside an anthill or termite mound and slurp up as many insects as possible. Since it has no teeth, it must swallow its food whole. A giant anteater can flick its tongue in and out of its mouth 150 times per minute, which allows it to consume up to 30,000 ants and termites each day.

Respuesta: Aproximadamente 24 pulgadas o 60 centímetros

La lengua de un oso hormiguero gigante es casi tan larga como el cordón de los zapatos de un niño. Es rosada y tiene la forma de un espagueti. Los osos hormigueros gigantes son **insectívoros** *que se alimentan principalmente de hormigas y comején. El oso hormiguero gigante usa su larga y pegajosa lengua para alcanzar adentro de un hormiguero o montículo de comején y lamer la mayor cantidad de insectos posible. Como no tiene dientes, debe tragarse su comida entera. El oso hormiguero gigante puede meter y sacar la lengua rápidamente, hasta 150 veces por minuto, que le permite comer 30 mil hormigas y comején al día.*

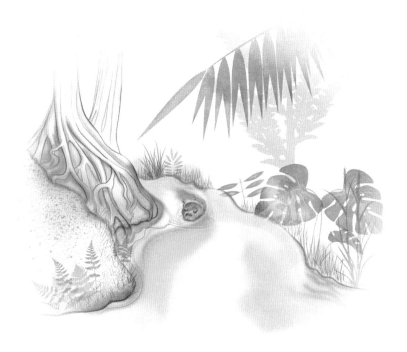

True or false?
The "river wolf" is the largest wolf in the Amazon rainforest.

¿Cierto o falso?
El «lobo gargantilla» es el lobo más grande de la selva amazónica.

Question 26 | *Pregunta 26*

Answer: False

There are no wolves in the Amazon rainforest. The "river wolf" is
properly known as the giant otter. As the longest member of the weasel
family, an adult giant otter can span the length of a twin-size bed. The
giant otter makes its home along the Amazon river in South America.
It is called the "river wolf" because, like a wolf, it is at the top of the
food chain in its habitat. A fast swimmer with sharp teeth and strong
jaws, the giant otter is an expert hunter. It eats mostly fish and other
aquatic animals, such as turtles, frogs, and even snakes.

Respuesta: Falso

*No hay lobos en la selva Amazónica. El nombre correcto del «lobo
gargantilla» es nutria gigante o ariray. El miembro más largo de la
familia de las comadrejas, una nutria gigante adulta puede ser tan larga
como una cama sencilla. La nutria gigante vive a las orillas del río
Amazonas en Suramérica. Se le llama «lobo gargantilla» porque, como un
lobo, está en la cima de la cadena alimenticia de su hábitat. Un nadador
veloz, de dientes afilados y fuertes mandíbulas, la nutria gigante es un
experto cazador. Se alimenta principalmente de peces y otros animales
acuáticos, como tortugas, ranas y hasta serpientes.*

The saola is a shy, hoofed mammal that is related to which of these?

¿El saola es un mamífero tímido, ungulado, familiar de cuál de los siguientes animales?

a) Pig *Cerdo*
b) Koala *Koala*
c) Hippo *Hipopótamo*
d) Cow *Vaca*

Answer: d) Cow

Native to Vietnam and Laos, the saola is in the cow family, though it looks more like an antelope. The saola has a dark brown coat and white facial markings. Both the male and female saola have a pair of long, close-set horns which, from a distance, look like one single horn. This is one reason why the saola is nicknamed the "Asian unicorn," but also because it is so rarely seen. In fact, scientists did not even know the saola existed until about 30 years ago. Since then, it has been photographed in the wild only a few times.

Respuesta: d) Vaca

Nativo de Vietnam y Laos, el saola es familiar de la vaca, aunque se parece más a un antílope. El saola tiene pelaje marrón oscuro y marcas faciales blancas. Ambos, los machos y hembras, tienen un par de largos cuernos pegados tan de cerca que a la distancia parecen ser un solo cuerno. Esta es una de las razones porque al saola se le apoda el «unicornio Asiático», la otra es porque es muy raro verlos. De hecho, hasta hace unos 30 años, los científicos ni siquiera sabían que existía el saola. Desde entonces, solo ha sido retratado unas pocas veces en estado silvestre.

How small is a Kitti's hog-nosed bat?

¿Cuán pequeño es un murciélago de nariz de cerdo de Kitti?

Question 28 | *Pregunta 28*

Answer: About the size of a quarter

The world's smallest mammal is Kitti's hog-nosed bat. As the name implies, its nose resembles a pig's snout. An adult bat's body is just a little larger than a quarter. Its wingspan is about the same as that of a small songbird. Also known as the bumblebee bat because of its tiny size, the hog-nosed bat can live for as long as 10 years. It is native to parts of Thailand and Myanmar, making its home in limestone caves or outcroppings along rivers, where it eats small, flying insects. Like most bat species, the hog-nosed bat lives in groups, called **colonies**.

Respuesta: Aproximadamente del tamaño de una moneda de 25 centavos de dólar

*El murciélago de nariz de cerdo de Kitti es el mamífero más pequeño del mundo. Tal como lo sugiere su nombre, su nariz se parece a la nariz de un cerdo. El cuerpo de un murciélago adulto es un poquito más grande que una moneda de 25 centavos de dólar. Sus alas miden casi lo mismo que las de un pequeño pájaro cantor. También conocido como murciélago moscardón por su diminuto tamaño, el murciélago de nariz de cerdo puede vivir hasta 10 años. Es nativo de partes de Tailandia y Myanmar y vive en cuevas de piedra caliza o afloramientos rocosos a lo largo de ríos, donde se alimenta de pequeños insectos voladores. Como la mayoría de las especies de murciélagos, el murciélago de nariz de cerdo vive en grupos llamados **colonias**.*

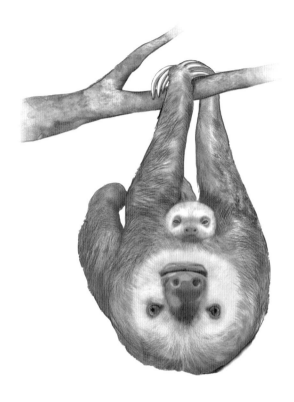

True or false?
A sloth's fur looks green.

¿Cierto o falso?
El pelaje del perezoso tiene aparencia verde.

Answer: True

The sloth is the world's slowest-moving mammal. It hangs upside-down in the trees and spends most of its day sleeping. Because it lives in the humid rainforest and moves so slowly, a sloth's fur actually starts to grow algae on it, which turns its brown fur a light green color. Algae is a tiny water plant, which you often see floating on the surface of a pond. Though it seems strange that a plant would grow on fur, this is helpful to the sloth because its green fur can act as **camouflage**, allowing the sloth to blend in with the trees.

Respuesta: Cierto

*El perezoso es el mamífero más lento del mundo. Se cuelga boca arriba de los árboles y pasa la mayor parte del día durmiendo. Como vive en la húmeda selva y se mueve tan lentamente, al pelaje del perezoso le empiezan a crecer algas, que tornan su pelaje marrón a un color verde claro. Las algas son diminutas plantas acuáticas que frecuentemente observas flotando en estanques de agua. Aunque parezca extraño que una planta pueda crecer en pelaje, esto beneficia al perezoso porque puede actuar de **camuflaje**, permitiéndole ocultarse entre los árboles.*

Which of the following jungle mammals has the loudest call?

¿Cuál de los siguientes mamíferos de la jungla tiene el llamado más fuerte?

a) Howler monkey *Mono aullador*
b) Leopard *Leopardo*
c) Bush dog *Perro de monte*
d) Gorilla *Gorila*

Question 30 | *Pregunta 30*

Answer: a) Howler monkey

One of the noisiest mammals in the world, the howler monkey communicates with tremendously loud calls, which sound like deep growls. Its call is so loud that it is about the same noise level as a jet engine at takeoff. Howler monkeys live in the treetops and are very **territorial**, which means they are extremely protective of their area of the jungle. Each morning and evening, groups of howler monkeys make their growling calls back and forth to each other as a warning to stay out of their territory.

Respuesta: a) Mono aullador

*Uno de los mamíferos más ruidosos del mundo, el mono aullador se comunica a través de escandalosos llamados que suenan como profundos gruñidos. Su llamado es tan poderoso que produce casi el mismo nivel de ruido que el motor de un avión de chorro despegando. Los monos aulladores viven en la cima de los árboles y son muy **territoriales**, lo que significa que son extremadamente protectores de su territorio en la jungla. Cada mañana y cada tarde, grupos de monos aulladores lanzan sus agresivos llamados, para advertir a los demás que no entren en su territorio.*

A tapir's trunk-like snout is called a(n) _____ .

Al largo hocico del tapir se le llama _____ .

Answer: proboscis

The word *proboscis* comes from a Greek word that means "to feed." This special kind of snout is very unusual in the mammal world. A tapir's proboscis combines its nose and upper lip, and is actually a special organ for smelling and grabbing food. Just like an elephant's proboscis, or **trunk**, a tapir has a **prehensile** proboscis with which it can grab plant material and put it in its mouth to eat. A tapir spends a lot of time in the water, so it can also use its proboscis like a snorkel while swimming.

Respuesta: probóscide

La palabra **probóscide** *viene de una palabra griega que significa «tomar comida». Este hocico tan especial es inusual en el mundo mamífero. Combinando la nariz con el labio superior, la probóscide del tapir es un órgano especial para olfatear y agarrar alimento. Igual que la probóscide de un elefante, o* **trompa***, la probóscide del tapir es* **prensil***, y puede agarrar plantas y metérselas a la boca para comer. El tapir pasa mucho tiempo en el agua y también puede usar su probóscide como un tubo de buceo para respirar cuando nada.*

How much does the world's largest rodent, a capybara, weigh?

¿Cuánto pesa un capibara, el roedor más grande del mundo?

Answer: About 150 lbs, which is about 68 kg

Even though a capybara weighs as much as a very large dog, it is actually in the same family as mice and rats. The capybara lives all over South America in marshy areas along streams or rivers, where it eats grass and water plants. A **semi-aquatic** mammal, the capybara spends a lot of time in the water. It has webbed feet and is an excellent swimmer. If it sees a predator, it can hide underwater for as long as five minutes. The capybara is a very social mammal, and other, smaller animals will often hitch a ride on a capybara's back.

Respuesta: Aproximadamente 150 libras o 68 kilogramos

*Aunque el capibara pesa tanto como un perro muy grande, en realidad es de la misma familia que los ratones y ratas. El capibara está distribuido por toda Suramérica, en humedales a lo largo de ríos o quebradas, donde come hierbas y plantas acuáticas. Un mamífero **semi-acuático**, el capibara pasa mucho tiempo en el agua. Tiene pies palmeados y es un excelente nadador. Si detecta un predador, se puede ocultar hasta cinco minutos debajo del agua. El capibara es un animal muy social y animales más pequeños frecuentemente se trepan sobre sus espaldas.*

True or false?
Jungle habitats are home to many feline species, but no canine species.

¿Cierto o falso?
Los ambientes selváticos son hogar de muchas especies de felinos, pero ningún cánido.

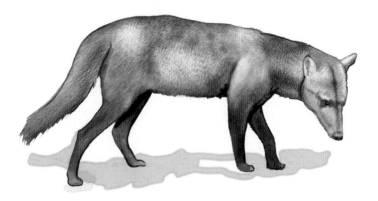

Answer: False

Big cats such as tigers and jaguars are often associated with jungle habitats, but some **canine** species live there too. The short-eared dog is found deep in the Amazon rainforest of South America. It is the only canine species **endemic** to the Amazon, meaning that it lives nowhere else in the world. The short-eared dog is named for its small, bear-like ears. It has a slender body, a bushy tail, and webbed feet for swimming in rivers. Unlike most canines that live in **packs**, the short-eared dog is a **solitary mammal**. It is so rarely seen that some people call it a "ghost dog."

Respuesta: Falso

*A los grandes felinos, como los tigres y jaguares, frecuentemente se les asocia con las áreas selváticas, pero ahí también viven algunas especies de **cánidos**. El zorro de oreja corta se encuentra en lo más profundo de la selva Amazónica en Suramérica. Es la única especie de cánido **endémica** de la Amazonía, lo que significa que no vive en ninguna otra parte del mundo. El zorro de oreja corta tiene ese nombre por sus pequeñas orejas, cortas y redondeadas, como la de los osos. Tiene un cuerpo esbelto, una gruesa cola, y pies palmeados para nadar en ríos. A diferencia de la mayoría de los cánidos, que viven en **manadas**, el zorro de oreja corta es **solitario**. Se observa tan raramente que algunos le llaman «el perro fantasma».*

Over the Mountains

En las montañas

Though many different mammal species live in the mountains, they each have unique features that allow them to survive the rugged habitat. North American mountain goats have special hooves designed for climbing on rocky surfaces. Chinchillas have thick fur that keeps them warm high up in the Andes mountains. Tibetan yaks have large lungs that allow them to get enough oxygen at high altitudes. Mountain mammals live at many different elevations, from the base to the top. Some live in trees, some live in rocky crevices, and some even live on sheer cliff faces. Lace up your hiking boots and get ready to encounter some majestic mountain mammals!

Aunque muchas especies de mamíferos viven en las montañas, cada una tiene características únicas que le permiten sobrevivir ese ambiente tan agreste. Las cabras montesas Americanas tienen cascos especiales, diseñados para trepar superficies rocosas. Las chinchillas tienen un pelaje espeso que las mantiene calientes en las alturas de los Andes. Los yaks de Tíbet cuentan con grandes pulmones que les permiten aspirar suficiente oxígeno en las alturas. Los mamíferos de montaña habitan muchas elevaciones distintas, desde la base hasta la cima. Algunos viven en árboles, otras en ranuras rocosas, y hasta en acantilados escarpados. ¡Amárrate las botas y prepárate a conocer unos majestuosos mamíferos de montaña!

True or false?
A moose will avoid the water because
it cannot swim.

¿Cierto o falso?
Un alce evita el agua porque no puede nadar.

Question 34 | *Pregunta 34*

Answer: False

The moose is the largest member of family Cervidae, which includes deer and elk. An adult male moose is about the size of a Clydesdale horse, and has huge, shovel-shaped antlers. Even though a moose has a large, bulky body, it can actually swim very well. A moose will swim in lakes or rivers to cool off during the summer or escape from **predators**. It can even dive to the bottom to graze on underwater plants. The moose's nostrils close shut when it dives so that water does not go up its nose.

Respuesta: Falso

*El alce es el miembro más grande de la familia Cervidae, que incluye a los ciervos y el uapití. Un alce macho adulto es como del tamaño de un caballo «Clydesdale», y tiene gigantescos cuernos en forma de palas. Aunque el cuerpo del alce es grande y corpulento, en realidad nada muy bien. El alce nada en lagos o ríos para refrescarse durante el verano o para escapar de sus **depredadores**. Incluso puede bucear hasta el fondo para pastar de plantas sub-acuáticas. Las narices del alce se cierran cuando bucea para que no les entre agua.*

The marmot, a type of large ground squirrel, spends the winter in _____ , safe and warm in its burrow.

La marmota, una especie de ardilla terrestre enorme, pasa el invierno en _____ , segura y abrigada en su madriguera.

Answer: hibernation

In places where food is scarce during the long, cold winter, some mammals go into an extended period of inactivity in order to survive. This is called **hibernation**. Marmots begin their hibernation in early fall. While some mammals, such as bears, hibernate by themselves, 10–20 marmots hibernate as a group, or **colony**. Then, in late spring, the colony comes out of the burrow and spends the summer eating, raising their babies, and soaking up the warm sunshine. Marmots eat so much during the summer that they become fat; this extra fat helps them survive the harsh winter.

Respuesta: hibernación

*En sitios donde el alimento es escaso durante largos y fríos inviernos, algunos mamíferos entran en un período prolongado de inactividad para sobrevivir. A esto se le llama **hibernación**. Las marmotas empiezan a hibernar a principios del otoño. Mientras algunos mamíferos, como los osos, hibernan solos, las marmotas hibernan en grupos o **colonias** de 10 a 20. A fines de la primavera, la colonia sale de su madriguera y pasa el verano alimentándose, criando sus bebés y disfrutando del calor del sol. Las marmotas consumen tanto alimento durante el verano que engordan mucho. Esta grasa adicional les permite sobrevivir el duro invierno.*

Which of the following is <u>not</u> a name for the mountain lion?

¿Cuál de los siguientes nombres <u>no</u> corresponde a un león de montaña?

a) Panther *Pantera*
b) Cougar *Cúgar*
c) Puma *Puma*
d) Lynx *Lince*

Answer: d) Lynx

The mountain lion is known by many different names, including panther, cougar, and puma. A mountain lion does not roar like a true lion, but instead makes sounds more like a house cat: hissing, purring, and screaming. In proportion to its body size, the mountain lion has the largest hind legs of any cat, or **feline**, species, giving it the ability to leap great distances and run extremely fast. Native to North and South America, mountain lions can be found wherever there are deer, which are their primary food source. The mountain lion has no natural predators.

Respuesta: d) Lince

*Al león de montaña se le conoce por muchos nombres distintos, incluyendo pantera, cúgar y puma. Un león de montaña no ruge como un león verdadero, más bien hace sonidos como los gatos: sisea, ronronea y grita. En proporción al tamaño de su cuerpo, el león de montaña tiene las piernas traseras más grandes de todas las especies de gatos o **felinos**, que le dan la habilidad de dar saltos muy largos y correr a gran velocidad. Nativos de Norte y Suramérica, los leones de montaña se encuentran donde sea que haya ciervos, que son su alimento principal. Los leones de montaña no tienen depredadores naturales.*

How often does a buck lose its antlers?

¿Con cuánta frecuencia se desprenden los cuernos del ciervo macho?

Answer: Once a year

A male deer, called a buck, loses its antlers once a year, usually between mid-winter and mid-spring. It does not hurt the buck when it loses, or casts, its antlers. The antlers that fall off are called **shed antlers**, and are often used in home decorating or carved into beautiful knife handles. Over the summer, the buck will grow a new set of antlers. By the time breeding season arrives in the fall, it will have a fully grown set of antlers with which to attract female deer and fight off other bucks.

Respuesta: Anualmente

*Un ciervo macho pierde sus cuernos una vez al año, generalmente entre el invierno y la primavera. Al ciervo no le perjudica perder o desprender sus cuernos. Los cuernos que se caen se llaman **astas mudadas**, y comúnmente se usan de decoración para las casas, o para tallarlos en hermosos mangos para cuchillos. Durante el verano, el macho producirá nuevos cuernos. Al llegar el otoño, la temporada de apareamiento, el macho contará con un par de cuernos completamente desarrollados con el cual atraer hembras y luchar contra otros machos.*

True or false?
Beavers choose a new mate each breeding season.

¿Cierto o falso?
Los castores eligen una pareja distinta cada temporada de apareo.

Question 38 | *Pregunta 38*

Answer: False

Unlike some mammals that choose a different mate each year, beavers mate for life. Once a beaver chooses a mate, it stays with that mate for as long as they are both alive. If a beaver's mate dies, it might choose a new one. Each year, a mother beaver gives birth to a **litter** of about six babies, called kits. Both mother and father beaver are active in caring for and training their kits. They live together as a family unit for about two years until the kits are old enough to leave and find their own mates.

Respuesta: Falso

*A diferencia de algunos mamíferos que eligen una pareja distinta cada año, los castores se aparean de por vida. Una vez que el castor elige su pareja, permanecen juntos durante todas sus vidas. Es posible que al morir la pareja elijan otra. Cada año, una madre castor produce una **camada** de aproximadamente seis crías, llamados kits o crías de castor. Ambos, la madre y el padre castor, participan en el cuidado y adiestramiento de sus crías. Conviven en una unidad familiar durante más o menos dos años, hasta que las crías hayan crecido lo suficiente para partir a buscar sus propias parejas.*

The wolverine is called a(n) _____ because it often eats the leftover meat from another mammal's prey.

El glotón se le llama un _____ porque acostumbra comer carne que sobra de la presa de otro mamífero.

Answer: scavenger

The largest member of the weasel family, the wolverine looks like a small bear with a skunk-like body and very large paws that help it walk on top of snow. Even though a wolverine is able to hunt, it often just eats the leftovers from another **carnivore's** kill. This habit is called **scavenging**. If a wolverine has had enough to eat at one time, it will bury the leftovers to eat later. The wolverine has a strong sense of smell and can find where it hid the leftovers, even buried deep in the snow.

Respuesta: carroñero

El miembro, más grande de la familia de las zarigüeyas, el glotón, parece un pequeño oso con cuerpo de zorrillo y patas muy grandes que lo ayudan a caminar sobre la nieve. Aunque el glotón es capaz de cazar, muchas veces se alimenta de los restos de la presa de otro **carnívoro**. *A esta costumbre se le llama* **carroñar**. *Una vez que el glotón está satisfecho de comer, entierra los restos para comérselos más tarde. El glotón tiene un excelente olfato y puede encontrar los restos escondidos, aún si están enterrados bajo nieve profunda.*

How big is a gray wolf?

¿Cuán grande es el lobo gris?

Question 40 | *Pregunta 40*

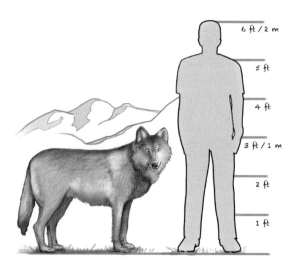

Answer: Nearly 3 ft, or 1 m, tall at the shoulder

The gray wolf is the largest of all **canine** species. If a gray wolf were standing next to an average-height man, the gray wolf's head would be at the same level as the man's waist. The gray wolf can be found in North America, Europe, and Asia, living in groups called **packs**, which average about six members. A wolf pack usually includes sibling wolves of different ages, headed up by the father and mother wolf. The gray wolf is best known for its howl, which is how it communicates with other gray wolves.

Respuesta: Su hombro está a casi 3 pies o 1 metro de altura

*El lobo gris es el más grande de todas las especies **cánidas**. Si un lobo gris se para a un lado de un hombre de estatura normal, la cabeza del lobo gris puede alcanzar su cintura. El lobo gris está distribuido por Norteamérica, Europa y Asia. Vive en grupos llamados **manadas** con un promedio de seis miembros. Una manada de lobos generalmente incluye hermanos de distintas edades, liderados por el padre y la madre. El lobo gris es mejor conocido por su aullido, que es su manera de comunicarse con otros lobos grises.*

True or false?
Black bears are always black.

¿Cierto o falso?
Los osos negros siempre son negros.

Question 41 | *Pregunta 41*

Answer: False

The American black bear's coat can also be brown, cinnamon, or even blond. It is thought the name "black bear" came from sightings by early settlers, since most bears in this species are indeed black. The color of a black bear's coat often depends on which region of North America it lives in. Black bears that live in shady, wooded areas, such as East Coast forests, usually have a dark coat. Black bears that live in western states, near open plains, often have a lighter colored coat, which keeps them from overheating in areas with no shade.

Respuesta: Falso

El oso negro americano puede ser color marrón, canela o hasta rubio. Se piensa que el nombre «oso negro» nació de avistamientos de los primeros colonizadores, porque la mayoría de los osos de esta especie, efectivamente, son negros. El color de un oso negro frecuentemente depende de la región donde vive en Norteamérica. Los osos negros que viven en áreas boscosas y de sombra, como los bosques de la costa Este, generalmente tienen pelaje negro. Los osos negros en los estados del Oeste, cerca de las llanuras, frecuentemente tienen pelaje de color más claro que les permite mantenerse frescos en zonas sin sombra.

The Himalayan tahr is considered a(n) _____ species because it causes problems in regions outside its natural habitat.

El tar del Himalaya se le considera una especie _____ porque causa problemas en áreas fuera de su hábitat natural.

Question 42 | Pregunta 42

Answer: invasive

The Himalayan tahr is a type of goat, native to the Himalayan mountains of Asia. It was introduced to regions in North and South America, New Zealand, and South Africa, but has since become an **invasive species** because of its negative impact on non-native habitats. The Himalayan tahr threatens many plant species by either eating too many or trampling them, which then causes soil erosion. In an effort to help control the Himalayan tahr population in its non-native habitats, some countries allow regulated hunting of the species.

Respuesta: invasiva

El tar del Himalaya es una especie de cabra, nativa del Himalaya en Asia. Fue introducido a regiones de Norte y Suramérica, Nueva Zelandia y Suráfrica, pero desde entonces se ha convertido en una **especie invasiva** *por su impacto negativo en los hábitats no-autóctonos. El tar del Himalaya amenaza muchas especies de plantas porque, las sobrepastorea o las estropea, causando la erosión del suelo. En un esfuerzo de controlar la población del tar del Himalaya en hábitats no-autóctonos, algunos países permiten su caza reglamentada.*

Pikas, members of the rabbit family, are known to share their burrows with which of these animals?

¿Los picas, miembros de la familia de los conejos, comparten sus madrigueras con cuál de estos animales?

a) Snakes *Serpientes*
b) Squirrels *Ardillas*
c) Toads *Sapos*
d) Birds *Aves*

Question 43 | *Pregunta 43*

Answer: d) Birds

Pikas look like round, fluffy rabbits with little ears and short legs. They live in cold **habitats** high up in the mountains, where they nest in rock crevices. During the summer, pikas collect edible plants with which they build their nest for the winter. Instead of hibernating, pikas survive the cold weather by eating the dried plants in their nest. This "haypile" also makes a good winter home for little birds called snowfinches. Their body heat adds extra warmth to the nest, which benefits both the pikas and the snowfinches. This type of close relationship between two different kinds of animals is called **symbiosis**.

Respuesta: d) Aves

*Los picas parecen conejos regordetes y peludos con orejas pequeñas y piernas cortas. Viven en áreas frías, en las alturas de las montañas, donde anidan en ranuras entre las piedras. Durante el verano, los picas recogen plantas comestibles para construir su nido invernal. En lugar de hibernar, los picas sobreviven el helado invierno alimentándose de las plantas secas de su nido. Esta «pila de heno» también resulta ser un buen hogar invernal para pequeñas aves llamadas gorriones alpinos. El calor de sus cuerpos contribuye a calentar el nido, para el beneficio de ambos, los pica y los gorriones. Este tipo de relación íntima entre dos animales distintos se llama **simbiosis**.*

True or false?
Bighorn sheep live high up in the mountains but are not good at walking on rocky surfaces.

¿Cierto o falso?
El borrego cimarrón vive en lo alto de las montañas, pero no puede caminar fácilmente sobre superficies rocosas.

Question 44 | Pregunta 44

Answer: False

Bighorn sheep are master mountain-climbers, able to leap from rock to rock and walk safely on cliff edges. They have split hooves that work like clothespins, pinching onto rocks and ledges. The spongy middle of each hoof helps bighorn sheep keep their footing, while the protective outer hoof is hard enough to dig into snow or ice. Native to the western mountain ranges of North America, bighorn sheep are named for the massive set of curled horns that the males grow. Females also grow a set of horns, though they are much smaller and only slightly curved.

Respuesta: Falso

El borrego cimarrón es un excelente alpinista, capaz de saltar de una piedra a otra y caminar con facilidad por la orilla de acantilados. Tienen pezuñas hendidas que funcionan como horquillas, pinzando las rocas y salientes de la montaña. La parte esponjosa de cada pezuña le ayuda al borrego cimarrón mantener pie seguro, mientras que el casco externo le protege y es suficientemente duro para excavar hielo o nieve. Nativo de las montañas del Oeste de Norteamérica, el nombre en inglés del borrego cimarrón o Big Horn Sheep, *viene de los masivos y cuernos enroscados de los machos. Las hembras también crecen un par de cuernos, aunque son mucho más pequeños y solo ligeramente enroscados.*

In the Bush

En el monte

Though "the bush" is usually associated with Australia, the African bush is equally as notable. Bush **habitats** are vast, undeveloped areas of wilderness that have never been cleared or farmed. Depending on geographic location, bush habitats look very different from each other, such as the eucalyptus forests of Australia compared to the grassy scrubland of Africa. Few people live in bush areas because of the remote conditions, but many species of mammals thrive there. Bouncing bandicoots, flying foxes, and wallowing warthogs are just a few of the many bush mammals. Head to the backcountry for a closer look at wilderness wildlife.

Aunque generalmente se asocia el monte con Australia, el monte africano es igualmente especial. Los montes son vastos espacios silvestres, no desarrollados, que jamás han sido limpiados o cultivados. Dependiendo del sitio geográfico, los montes son muy distintos entre sí, tal como los bosques de eucalipto de Australia y las llanuras del África. Pocas personas viven en los montes por las condiciones tan remotas, pero ahí prosperan abundantes especies de mamíferos. Bandicúts saltarines, zorros voladores y jabalís verrugosos revolcándose en el lodo son solo algunos de los muchos mamíferos de monte. Vayamos al monte para ver más de cerca su fauna silvestre.

What is the wombat's main defense?

¿Cuál es la defensa principal de un uombat?

a) Teeth *Dientes*
b) Claws *Garras*
c) Legs *Patas*
d) Rump *Trasero*

Answer: d) Rump

Native to Australia, the wombat is a **marsupial**, meaning that it carries its babies in a pouch. The wombat has a bear-like body and is about as big as a medium-size dog. Though a wombat can bite, scratch, and run fast, its main defense is its cartilage-covered backside. If threatened, a wombat will run to its burrow and block the entrance with its rump, which acts like a shield. If the intruder gets past the entrance, the wombat uses its tough bottom to crush the intruder against the burrow roof.

Respuesta: d) Trasero

*Nativo de Australia, el uombat es un **marsupial**, lo que significa que carga sus crías en una bolsa. El uombat tiene un cuerpo parecido a un oso y es más o menos del tamaño de un perro mediano. Aunque el uombat puede morder, arañar y correr a velocidad, su defensa principal es su trasero cubierto de cartílago. Ante una amenaza, el uombat huye a refugiarse en su madriguera y cierra la entrada usando su trasero como un escudo. Si el intruso logra entrar, el uombat lo aplasta contra el techo de la madriguera con su duro trasero.*

True or false?
A female lion is a better hunter than a male lion.

¿Cierto o falso?
La hembra del león es mejor cazadora que el macho.

Answer: True

A female lion is called a lioness. She is smaller and leaner than a male lion, so she is more agile and can run faster to catch **prey**. Another reason that a lioness makes a better hunter is that she has no mane. If a male lion had to run around chasing prey in the hot African sunshine, he would become overheated because of his thick mane. A lioness is better able to withstand the heat while out on the hunt since she does not have a heavy mane around her head and shoulders.

Respuesta: Cierto

La hembra del león es una leona. Es más pequeña y esbelta que el león macho, lo cual la hace más ágil y corre más rápidamente para cazar su **presa**. *Otra característica que hace mejor cazadora a la leona es que no tiene melena. Si un león macho tuviese que perseguir a su presa bajo el sofocante sol africano, su melena lo sobrecalentaría. La leona tolera mejor el calor durante la caza, al no tener la pesada melena sobre su cabeza y hombros.*

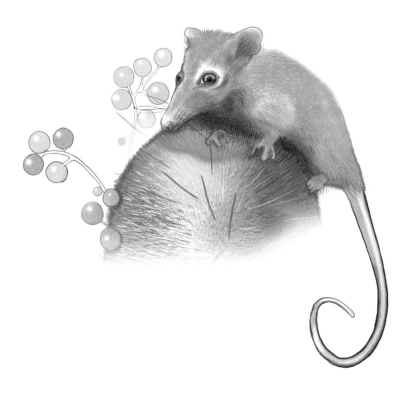

The honey possum is called a(n)
_____ because it drinks nectar.

Al falangero mielero se le llama un
_____ porque bebe néctar.

Question 47 | Pregunta 47

Answer: nectarivore

The honey possum looks like a grayish-brown mouse with a pointy nose and a very long tail. Despite the name, it is not actually an opossum, though it has a similar body shape and, like an opossum, is a marsupial. The honey possum lives within a small region of Australia, feeding only on the nectar and pollen from flowering plants. It has a long tongue with little bristles at the tip, which help it collect the nectar and pollen from each flower it finds. Even though the honey possum is so small, it plays a big role in pollinating many plants.

Respuesta: nectívoro

El falangero mielero se parece a un ratón marrón grisáceo con un hocico puntiagudo y cola muy larga. Pese a sus cuerpos semejantes, no es una zarigüeya, es un marsupial. El falangero mielero habita un área muy pequeña de Australia, alimentándose únicamente del polen y néctar de plantas de floración. Su larga lengua tiene pequeñas cerdas en la punta que lo ayudan a tomar el néctar y el polen de las flores que encuentra. Aunque el falangero mielero es muy pequeño, juega un papel importante en la polinización de muchas plantas.

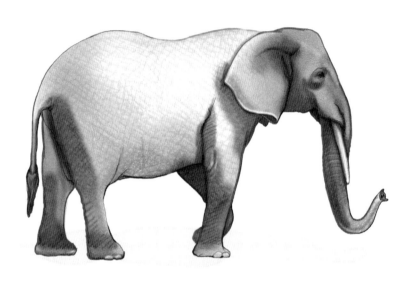

How many different species of elephants are there?

¿Cuántas diferentes especies de elefantes hay?

Answer: Two

Though still open to debate, it is generally agreed that there are two main species of elephants: African and Asian. Named for the continents on which they live, each of these two main elephant species are divided into several subspecies based on habitat and physical features. The easiest way to tell the difference between an African and Asian elephant is by their ears. An African elephant has larger ears, which are shaped like the continent of Africa. An Asian elephant has smaller, more droopy ears. African elephants are also generally larger than Asian elephants.

Respuesta: Dos

Aunque continúa siendo tema de debate, hay consenso general de que existen dos especies principales de elefantes: el Africano y el Asiático. Sus nombres derivan de los continentes que habitan y cada especie principal de elefantes se divide en varias sub-especies que corresponden a su hábitat y sus características físicas. La manera más fácil de distinguir al elefante Africano del Asiático es por sus orejas. El elefante Africano tiene orejas más grandes, con forma parecida al continente Africano. El elefante Asiático tiene orejas más pequeñas y caídas. Además, los elefantes Africanos generalmente son más grandes que los elefantes Asiáticos.

Galagos are classified as which of the following?

¿A cuál de las siguientes categorías pertenecen los gálagos?

a) Marsupials *Marsupiales*
b) Primates *Primates*
c) Rodents *Roedores*
d) Insectivores *Insectívoros*

Answer: b) Primates

Though many galagos look like tree squirrels, they are actually **primates**, along with apes and monkeys. There are about 20 known species of galagos. Some are as small as a mouse and larger ones are the size of a cat. All galagos share the same basic features: large, round eyes; bat-like ears; and long, furry tails. Native to Africa, galagos spend most of their lives in trees and are **nocturnal**, meaning that they are active at night. Galagos are also known as bush babies because of their distinctive calls, which sound like a crying baby.

Respuesta: b) Primates

*Aunque los gálagos parecen ardillas, en realidad son **primates**, como son los hominoideos y los monos. Se conocen cerca de 20 especies de gálagos. Algunos son tan pequeños como un ratón, otros son del tamaño de un gato. Todos los gálagos comparten las mismas características básicas: enormes ojos redondos, orejas como de murciélago y colas largas y peludas. Nativos de África, los gálagos permanecen la mayor parte de sus vidas en los árboles y son **nocturnos**, lo cual significa que son activos de noche. A los gálagos también se les conoce por su distintivo llamado, que suena como un bebé humano llorando.*

True or false?
The Tasmanian devil gets its name from the two little horns on top of its head.

¿Cierto o falso?
El nombre del demonio de Tasmania proviene de los dos cuernitos en su cabeza.

Answer: False

The Tasmanian devil does not have horns. Native to the Australian island of Tasmania, this bad-tempered mammal comes out at night to feed. Its screams and growls sound especially spooky in the dark, which is why early settlers called them "devils." A Tasmanian devil looks like a cross between a small dog and a rodent, but it is actually the largest carnivorous marsupial, meaning that it eats meat and carries its babies in a pouch. As a **carnivore**, the Tasmanian devil has sharp teeth and powerful jaws that are strong enough to bite through bones.

Respuesta: Falso

*El demonio de Tasmania no tiene cuernos. Nativo de la isla australiana de Tasmania, este mamífero malhumorado sale de noche a alimentarse. Sus gritos y gruñidos son especialmente aterradores en la oscuridad. Por eso los primeros colonos los llamaban «diablos». Un demonio de Tasmania parece una combinación entre un perro pequeño y un roedor, pero en realidad es el más grande de los marsupiales carnívoros, lo que significa que come carne y carga sus crías en una bolsa. Siendo **carnívoro**, el demonio de Tasmania cuenta con dientes afilados y mandíbulas tan fuertes que pueden romper huesos.*

The _____ looks like it has a pig's snout, a rabbit's ears, and a kangaroo's tail.

El _____ tiene la nariz de un cerdo, las orejas de un conejo y una cola de canguro.

Question 51 | *Pregunta 51*

Answer: aardvark

Aardvark is a South African word that means "earth pig." The aardvark eats mostly ants and termites, which it sniffs out with its pig-like snout and collects on its long, sticky tongue. Because it has poor eyesight, the aardvark relies on its keen sense of hearing in order to avoid **predators** like lions and hyenas. It can hide from danger by digging itself a burrow in as little as 30 seconds. If an aardvark needs to fight off a predator, it can scratch with its tough claws or use its muscular tail like a whip. Ouch!

Respuesta: cerdo hormiguero

En Suráfrica al cerdo hormiguero se le llama aardvark, *que significa cerdo de tierra. El cerdo hormiguero se alimenta principalmente de hormigas y comején que olfatea con su nariz de cerdo y recoge con su larga y pegajosa lengua. Al tener mala visión, el cerdo hormiguero depende de su agudo sentido del oído para eludir* **depredadores** *como los leones y las hienas. Se puede ocultar del peligro escavando una madriguera en tan solo 30 segundos. Si un cerdo hormiguero se ve obligado a luchar contra un depredador, puede arañar con sus duras garras o usar su cola musculosa como un látigo. ¡Ayayay!*

How many hours a day does a koala sleep?

¿Cuántas horas al día duerme un koala?

Question 52 | *Pregunta 52*

Answer: About 20 hours a day

A koala sleeps so much because of the food it eats. Koalas are native to eastern Australia, where their primary food source is eucalyptus leaves. These leaves are actually poisonous to other animals, but not to koalas. In a 24-hour day, a koala spends about four hours eating (usually at night), and spends the rest of the time sleeping. A koala sleeps so much because its body needs time and energy to properly digest the fibrous eucalyptus leaves. Koalas are sometimes referred to as "koala bears" because of their bear-like appearance, but they are actually marsupials.

Respuesta: Aproximadamente 20 horas diarias

Un koala duerme tanto por el alimento que come. Los koalas son nativos de Australia Oriental, donde su fuente principal de alimento son las hojas del eucalipto. Estas hojas son venenosas para otros animales, pero no para los koalas. De cada 24 horas, el koala se alimenta durante cuatro (generalmente de noche) y pasa el resto del tiempo durmiendo. El koala duerme tanto porque su cuerpo requiere tiempo y energía para digerir completamente las fibrosas hojas del eucalipto. A veces se hace referencia a los koalas como «oso koala» porque se asemeja a un oso, pero en realidad es un marsupial.

The rock hyrax is a(n) _____ mammal, meaning that it is active during the day.

El damán del cabo es un mamífero _____, lo cual significa que está activo durante el día.

Answer: diurnal

The rock hyrax looks like a pudgy rabbit with small, rounded ears and thin, stumpy legs. Native to Africa, the rock hyrax is active during the day, and spends most of its time soaking up the warm sunshine. At night, it returns to its nest to sleep. The rock hyrax does not burrow, but instead makes its home among boulders or in rock crevices. The bottoms of its feet have a rubbery texture that stays slightly damp with sweat, so a rock hyrax's feet act like little suction cups to keep it from slipping on rocky surfaces.

Respuesta: diurno

El damán del cabo parece un conejo regordete con orejas pequeñas y redondas, y patitas cortas y delgadas. Nativo de África, el damán del cabo es activo durante el día y pasa la mayor parte de su tiempo disfrutando del calor del sol. De noche regresa a su nido a dormir. El damán del cabo no excava una madriguera, sino que anida entre piedras o en ranuras. La planta de sus pies tiene una textura gomosa que permanece ligeramente húmeda con su sudor, de manera que sus patitas son como ventosas que previenen resbalones en superficies rocosas.

True or false?
Kangaroo and wallaby are two different
names for the same mammal.

¿Cierto o falso?
El canguro y el walabí son dos nombres
para el mismo mamífero.

Question 54 | *Pregunta 54*

Answer: False

Though similar, kangaroos and wallabies are two different marsupials in the **macropod** family, which comes from the word for "large feet" in Latin. Macropods are best known for how they move around by hopping. The main differences between kangaroos and wallabies are their size, legs, and teeth. A kangaroo is generally much larger than a wallaby. While a kangaroo's muscular hind legs are built for speed on open ground, a wallaby's hind legs are smaller and more agile for moving through forest areas. A kangaroo has teeth designed for biting tufts of grass, whereas a wallaby has teeth made for grinding leaves.

Respuesta: Falso

*Aunque son semejantes, los canguros y los walabíes son dos marsupios distintos de la familia de los **macropódidos**, que proviene del latín y significa «patas grandes». Los macropódidos son más conocidos por su forma de moverse a saltos. Las diferencias principales entre los canguros y walabíes son: su tamaño, sus piernas y sus dientes. Generalmente un canguro es mucho más grande que un walabí. Mientras las musculares patas traseras del canguro son hechas para alcanzar alta velocidad en tierra abierta, las patas traseras del walabí son más pequeñas y ágiles, para movimiento en áreas boscosas. Los dientes del canguro están diseñados para arrancar mechones de hierba, mientras que el walabí tiene dientes para masticar hojas.*

How far can a sugar glider "fly"?

¿Qué distancia puede «volar» un petauro de azúcar?

Answer: About 150 ft, which is about 46 m

This is almost the width of a football field. A sugar glider has a flap of skin, called a **membrane**, on either side of its body that connects between its front and hind legs. To move from tree to tree, a sugar glider jumps and spreads out all four legs, which stretches the membranes. A sugar glider does not actually fly, but when it jumps and the stretched membranes catch the air, it glides as if it were flying. A marsupial, the sugar glider is a type of opossum and gets it name from its favorite food—sugary sweet nectar from flowers.

Respuesta: Aproximadamente 150 pies o 46 metros

*Esto es casi tan ancho como un campo de fútbol americano. El petauro de azúcar tiene una **membrana**, llamada patagio, a ambos lados de su cuerpo, conectadas entre las patas delanteras y traseras. Para moverse de un árbol a otro, el petauro de azúcar salta y abre sus cuatro patas para estirar las membranas. El petauro de azúcar en realidad no vuela, más bien cuando salta, sus patagios estirados atrapan el aire y planea como si volara. Un marsupial, el petauro de azúcar es un tipo de zarigüeya y su nombre se deriva de su alimento favorito, el dulce néctar de las flores.*

Under the Sea

En el mar

While most mammals live primarily on land, some spend most or all of their lives in the water. These are known as aquatic mammals, based on the Latin word for "water;" they may live in freshwater habitats such as rivers and lakes, or in the ocean, which is salt water. Aquatic mammals that live primarily in the ocean are called **marine** mammals; marine comes from the Latin word for "sea." They can be found in all five of the world's ocean regions: Pacific, Atlantic, Arctic, Indian, and Southern. Dive in and discover the underwater world of these amazing mammals.

*Aunque la mayoría de los mamíferos viven principalmente en tierra, algunos pasan la mayor parte o toda su vida en el agua. Son los llamados mamíferos acuáticos, por la palabra latina que significa «agua»; pueden vivir en hábitats de agua dulce, como ríos y lagos, o en el océano, que es agua salada. Los mamíferos acuáticos que viven principalmente en el océano se llaman mamíferos **marinos**; marino viene de la palabra latina para «mar». Pueden encontrarse en las cinco regiones oceánicas del mundo: Pacífico, Atlántico, Ártico, Índico y Meridional. Sumérgete y descubre el mundo submarino de estos increíbles mamíferos.*

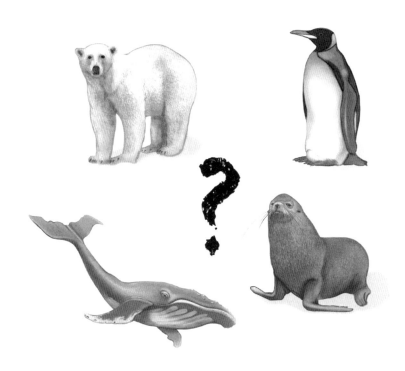

Which of these is not a marine mammal?

¿Cuál de estos animales no es un mamífero marino?

a) Polar bear *Oso polar*
b) Seal *Foca*
c) Penguin *Pingüino*
d) Whale *Ballena*

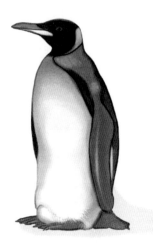

Answer: c) Penguin

Marine mammals can be found in all five of the world's oceans. These mammals come in all shapes and sizes—furry polar bears; sleek, fat seals; and gigantic whales. Though they look very different from land mammals, marine mammals still have the three key mammalian features: they have some form of hair or fur, they have three middle ear bones, and the females produce **milk** to feed their babies. Though a penguin might look furry like a polar bear and swim like a seal, a penguin is a bird, not a mammal.

Respuesta: c) Pingüino

*Los mamíferos marinos se encuentran en los cinco océanos. Estos mamíferos vienen en todas las formas y tamaños – osos polares peludos, focas regordetas y gigantescas ballenas. Aunque parecen muy diferentes de los mamíferos terrestres, los mamíferos marinos también cuentan con las tres características claves de los mamíferos: tienen alguna forma de pelo o pelaje, tienen tres huesecillos en sus oídos medios, y las hembras producen **leche** para alimentar a sus crías. Aunque un pingüino parece peludo como un oso polar y nada como una foca, un pingüino es un ave, no un mamífero.*

Marine mammals that have foot-like flippers are called _____.

Los mamíferos marinos que tienen aletas que parecen pies se llaman _____.

Answer: pinnipeds

The word *pinniped* means "fin foot" in Latin. Pinnipeds include seals, sea lions, and walruses; these marine mammals have four **limbs** called **flippers**. Flippers are often confused with fins. The difference is that flippers have bones and joints, whereas fins do not. Some marine mammals, such as dolphins, have both flippers and fins. What is unique about pinnipeds is that they only have flippers, arranged in two sets just like the front and hind legs of land mammals. Though flippers are mainly used for swimming, pinnipeds are able to use them to "walk" on land, though it looks more like a waddle.

Respuesta: pinnípedos

*La palabra **pinnípedo** significa «ala pie» en latín. Los pinnípedos incluyen focas, lobos marinos y morsas. Estos mamíferos marinos tienen cuatro **extremidades** llamadas **aletas**. Frecuentemente se confunden sus aletas con las aletas de un pez. La diferencia es que las aletas de los pinnípedos tienen huesos y coyunturas, mientras que las aletas de los peces no. Algunos mamíferos marinos, como los delfines, tienen ambos. Lo que es único de los pinnípedos es que solo tienen aletas, dispuestas en pares, como las patas delanteras y traseras de mamíferos terrestres. Aunque las aletas se usan principalmente para nadar, los pinnípedos las pueden usar para «caminar» sobre la tierra, aunque se parece más a un balanceo.*

True or false?
All marine mammals have hair or fur.

¿Cierto o falso?
Todos los mamíferos marinos tienen pelo o pelaje.

Answer: True

One of the main features that defines a mammal is hair or fur. This is easy to see on some marine mammals, such as a sea otter's thick fur or a walrus's hairy mustache. But even slippery dolphins and smooth-skinned whales have hair. These marine mammals are born with tiny hairs on their snout, or **rostrum**. Most dolphins and whales lose these tiny hairs shortly after birth, though some species still have rostrum hairs as adults. For example, if you have ever seen a humpback whale up close, the large bumps around its mouth are actually hair follicles.

Respuesta: Cierto

*Una de las características que define a un mamífero es su pelo o pelaje. Es fácil de ver en algunos mamíferos marinos, como el grueso pelaje de la nutria marina o el peludo bigote de la morsa. Pero aún los resbalosos delfines y ballenas de piel lisa tienen pelo. Estos mamíferos marinos nacen con pequeños pelitos en sus narices u **hocicos**. La mayoría de los delfines y ballenas pierden estos diminutos pelos poco después de nacer, aunque algunas especies siguen teniendo pelo en sus narices u hocicos como adultos. Por ejemplo, si alguna vez has visto una ballena jorobada o yubarta de cerca, las grandes protuberancias alrededor de su boca son en realidad folículos pilosos.*

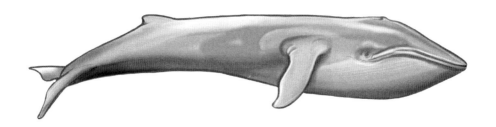

How long is a blue whale?

¿Cuánto mide una ballena azul?

Question 59 | *Pregunta 59*

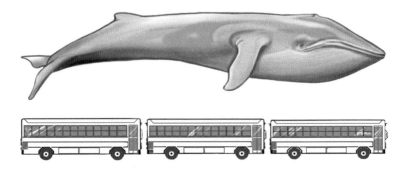

Answer: About 110 ft long, which is about 34 m

The blue whale is the largest mammal in the world, and the largest animal ever to have lived—even bigger than dinosaurs! An adult blue whale can be as long as three school buses parked end-to-end. Unlike most other mammals, female blue whales are larger than males. The blue whale lives in all of the world's oceans, except for the Arctic. It feeds on tiny, shrimp-like creatures called krill. Instead of teeth, the blue whale has rows of thick, long bristles called **baleen**. To eat, a blue whale takes a huge mouthful of water and then uses the baleen like a filter to catch all the krill, which it then swallows.

Respuesta: Aproximadamente 110 pies o 34 metros

*La ballena azul es el mamífero más grande en el mundo y el animal más grande que haya existido en la historia. ¡Hasta más grande que los dinosaurios! Una ballena azul adulta puede ser tan larga como tres autobuses colegiales estacionados de punta a punta. A diferencia de la mayoría de los otros mamíferos, las ballenas azules hembras son más grandes que los machos. La ballena azul vive en todos los océanos del mundo, salvo el Ártico. Se alimenta de pequeñas criaturas parecidas al camarón, llamados kril. En lugar de dientes, las ballenas azules tienen filas de largas y gruesas hebras llamadas **barbas**. Una ballena azul se alimenta tomando enormes bocanadas de agua, usa sus barbas como un filtro para atrapar todo el kril y entonces se los traga.*

Which of the following describes sea lions' habit of floating on the water as a group?

¿Cuál de los siguientes verbos describe la costumbre de los lobos marinos de flotar en el agua en grupo?

a) Huddling *Apiñar*
b) Rafting *Balsear*
c) Bonding *Apegar*
d) Gabbing *Cotorrear*

Answer: b) Rafting

If sea lions are unable to find a suitable spot on land to rest or sleep, they will often float in the water together as a group, called a **raft**. As the rafting sea lions float, each one raises a flipper to help regulate its body temperature. With a flipper in the air, a sea lion can either absorb or release heat, depending on what its body needs. From a distance, a raft of sea lions with their flippers in the air might look like they are ill or in distress, but they are most likely just resting.

Respuesta: b) Balsear

Cuando los lobos marinos no encuentran un sitio adecuado para descansar o dormir sobre tierra, frecuentemente flotan en el agua en un grupo, llamado balsa. Al balsear, cada uno de los lobos marinos levanta una aleta para ajustar la temperatura de su cuerpo. Con una aleta al aire, los lobos marinos pueden absorber o despejar calor, según lo que requiera su cuerpo. De lejos, los lobos marinos en balsa, con sus aletas al aire, pueden parecer estar enfermos o en peligro, pero lo más probable es que solo estén descansando.

A polar bear is considered a marine mammal because it lives on _____.

Al oso polar se le considera un mamífero marino porque vive sobre _____.

Question 61 | *Pregunta 61*

Answer: sea ice

If you look at a globe, the area around the top is called the Arctic Circle. It is so cold in the Arctic Circle that even the ocean water freezes, producing raft-like pieces of ice that are large enough for animals to live on. Though the polar bear is usually born on land, it spends most of its life on **sea ice**. Polar bears travel long distances across sea ice to find new areas for hunting seals. The polar bear is the largest of all bear species, and it stays warm by having a thick layer of blubber, or fat, underneath its dense coat.

Respuesta: banquisas

*Si miras un globo terráqueo, al área en la parte de arriba se llama el círculo Ártico. Hace tanto frío en el círculo Ártico que hasta el océano se congela, formando placas de hielo flotantes que son suficientemente grandes para albergar animales. Aunque el oso polar generalmente nace sobre tierra, pasa la mayor parte de su vida sobre las **banquisas**. Los osos polares viajan largas distancias sobre banquisas en busca de nuevos sitios para cazar focas. El oso polar es el oso más grande de todas las especies de osos. Gracias a su espeso pelaje y una gruesa capa de grasa, logra mantenerse caliente en el círculo Ártico.*

True or false?
Manatees and dugongs were once thought to be mermaids.

¿Cierto o falso?
En el pasado se pensaba que los manatíes y los dugongos eran sirenas.

Question 62 | *Pregunta 62*

Answer: True

Manatees and dugongs make up a group of **aquatic** mammals called sirenians. This name comes from "siren," a type of creature in Greek mythology that inspired the idea of mermaids. While Christopher Columbus was sailing to the New World, he recorded in his journal that he had seen three mermaids, but that they were "not half as beautiful as they are painted." It is now believed that what Columbus actually saw were manatees. These gentle, graceful mammals are **herbivores**; because most of their diet consists of underwater plants and grasses, they are also known as "sea cows."

Respuesta: Cierto

*Los manatíes y los dugongos forman un grupo de mamíferos **acuáticos** llamados sirenios. Este nombre viene de la palabra sirena, una criatura de la mitología griega que inspiró el concepto de sirenas. Durante su viaje al nuevo mundo, Cristóbal Colón escribió en su diario que había visto tres sirenas, pero que no eran «tan hermosas como se les pintaba». Ahora se piensa que lo que Colón observó fueron o manatíes o dugongos. Estos gentiles y elegantes mamíferos son **herbívoros**, porque su dieta consiste principalmente de plantas y yerbas acuáticas. También se les conoce como «vacas marinas».*

What feature do dolphins and porpoises have in common?

¿Qué característica tienen en común los delfines y las marsopas?

a) Form of communication *Forma de comunicación*
b) Sociability *Sociabilidad*
c) Sense of smell *Sentido de olfato*
d) Lifespan *Expectativa de vida*

Question 63 | *Pregunta 63*

Answer: c) Sense of smell

Though closely related, dolphins and porpoises belong to two separate families of marine mammals. Compared to porpoises, dolphins make more sounds to communicate, live in larger pods, and have longer lifespans. But one thing that dolphins and porpoises have in common is their sense of smell, or rather, the total lack of it. This is because their brain does not have an **olfactory lobe**, which controls the ability to smell. Though they lack the sense of smell, dolphins and porpoises make up for it with their excellent sense of hearing, which helps them navigate their underwater world.

Respuesta: c) El sentido del olfato

*Aunque son parientes cercanos, los delfines y las marsopas pertenecen a dos familias distintas de mamíferos marinos. Comparados con las marsopas, los delfines usan más sonidos para comunicarse, viven en grupos más grandes y tienen vidas más largas. Pero una cosa que los delfines y las marsopas tienen en común es su sentido de olfato o, más bien, su carencia total. Esto es porque sus cerebros no tienen un **bulbo olfatorio** que controle la capacidad de oler. Los delfines y marsopas compensan la ausencia del sentido del olfato con un sentido auditivo muy agudo, que les ayuda a navegar en su mundo submarino.*

When walruses leave the water and pull themselves onto ice or land, this is called _____.

Cuando las morsas salen del agua y se arrastran sobre el hielo o la tierra, a esto se le llama

_____.

Answer: hauling out

When walruses need to rest or tend to their young, they leave the water. This is called "hauling out." Walruses prefer to haul out onto sea ice, but depending on their location, they may choose to haul out onto land. Though a walrus can weigh as much as a small car, it uses its strong ivory **tusks** to help pull itself out of the water. This is why the Latin name for the walrus translates as "tooth-walking sea horse." Walruses are very social mammals and usually haul out as an entire herd, which can number in the hundreds or thousands.

Respuesta: salir a descansar

*Cuando las morsas necesitan descansar o cuidar de sus crías, salen del agua. Las morsas prefieren descansar sobre las banquisas, pero según dónde se encuentren, pueden optar por descansar sobre tierra. Aunque una morsa puede pesar tanto como un automóvil pequeño, usa sus fuertes **colmillos** de marfil para arrastrarse fuera del agua. Es por esto que el nombre de la morsa en latín se traduce como «caballo de mar que anda sobre dientes». Las morsas son mamíferos muy sociales y generalmente salen todos juntos en colonia, que puede sumar cientos o miles de miembros.*

True or false?
The killer whale is a member of the dolphin family.

¿Cierto o falso?
La ballena asesina pertenece a la familia de los delfines.

Question 65 | *Pregunta 65*

Answer: True

The killer whale is properly known as an orca. Sailors of long ago gave orcas the nickname "killer of whales" after seeing them attack and kill other whales and even great white sharks. Over time, the nickname was shortened to "killer whale," which has since caused confusion because the orca is actually the largest member of the dolphin family. Orcas belong to the dolphin family because of several distinctive features: cone-shaped teeth; one blowhole instead of two; and a special organ in its head, called the **melon**, that helps the orca hear sounds underwater.

Respuesta: Cierto

*A la ballena asesina se le conoce propiamente como una orca. Los marineros de antaño apodaron a las orcas «asesinas de ballenas» al observarlas atacar y matar otras ballenas y hasta a tiburones blancos. Con el paso del tiempo, se abrevió el apodo a «ballena asesina», lo cual causa confusión, porque en realidad la orca es el miembro más grande de la familia de los delfines. Las orcas pertenecen a esta familia por varias características distintivas: dientes en forma de cono; un orificio respiratorio o espiráculo en su cabeza; y un órgano especial dentro de su cabeza llamado el **melón**, que le ayuda escuchar sonidos debajo del agua.*

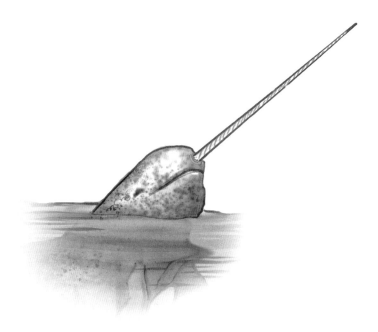

The horn-like spire that grows out of a narwhal's head is actually which of these?

¿Qué es el miembro retorcido en espiral que crece de la cabeza de un narval?

a) **Tooth** *Colmillo*
b) **Bone** *Hueso*
c) **Nail** *Uña*
d) **Horn** *Cuerno*

Answer: a) Tooth

Known as "the unicorn of the sea," a narwhal is a whale with a long, spiraled tooth, or tusk, on its head. A narwhal only has two teeth, but neither of them are inside its mouth. One tooth never grows through the gumline, and the other tooth grows straight out the front of its head. The narwhal's tusk is about as long as an average fishing rod. A narwhal uses its tusk to sense its surroundings and to "swat" fish to stun them before eating them. Because a narwhal has no teeth in its mouth, it must swallow its food whole.

Respuesta: a) Colmillo

Conocido como el «unicornio del mar», el narval es una ballena con un largo diente retorcido en espiral, o colmillo, sobre su cabeza. Un narval tiene solo dos dientes, pero ninguno de los dos está dentro de su boca. Uno de los dientes nunca brota de sus encías y el otro diente crece directamente de su frente. El colmillo del narval es casi tan largo como una caña de pescar común y corriente. El narval usa su colmillo para sentir a su alrededor y abofetear peces para aturdirlos antes de comérselos. Como el narval no tiene dientes en su boca, tiene que tragarse su alimento entero.

Across the Plains

Sobre las llanuras

A plain is a large area of land that is relatively flat. Some plains are so vast that they span across different countries, like the Great Plains of North America. Plains may be cold, such as the steppes of Eurasia, or they may be hot, like those in Africa. Besides being flat, plains have sparse vegetation and very few trees. Small mammals may burrow in the ground or make nests in the grass, but large mammals must always be on the lookout because they have no way of hiding themselves. Venture out to the world's wide open spaces and explore the mammals of the plains. As you will see, there is nothing "plain" about them.

Una llanura es una enorme superficie de tierra que es relativamente plana. Algunas son tan gigantescas que se extienden de un país a otro, tal como la Gran Llanura de Norteamérica. Las llanuras pueden ser heladas, como las estepas de Eurasia, o candentes, como las de África. Aparte de ser planas, las llanuras cuentan con escasa vegetación y muy pocos árboles. Pequeños mamíferos pueden escarbar madrigueras en la tierra o hacer nidos en la hierba, pero los mamíferos grandes deben estar siempre alerta, porque no tienen cómo ocultarse. Emprende en una excursión a los vastos espacios abiertos del mundo y explora los mamíferos de las llanuras. Como verás, las llanuras no son nada sencillas.

How fast can a cheetah run?

¿Hasta qué velocidad puede correr un guepardo?

Question 67 | *Pregunta 67*

Answer: About 75 mi, or 120 km, per hour

As the world's fastest land mammal, the cheetah can reach sprinting speeds equal to that of cars driving on a freeway. Though a cheetah can run this fast, it cannot maintain such speed for a long time. A cheetah only runs at this speed for less than a minute while hunting, allowing it to overtake its **prey**. With its long and flexible spine, a cheetah can fully extend its front and hind legs in order to take extra long strides. A cheetah can cover almost the length of a school bus in a single stride.

Respuesta: Aproximadamente 75 millas o 120 kilómetros por hora

*El mamífero terrestre más veloz del mundo, el guepardo, puede alcanzar velocidades semejantes a los automóviles en carreteras. Aunque el guepardo puede alcanzar esa velocidad, no la puede mantener por mucho tiempo. El guepardo corre a esa velocidad durante menos de un minuto, mientras caza, para alcanzar su **presa**. Con una espina dorsal larga y flexible, el guepardo es capaz de extender completamente sus piernas delanteras y traseras para tomar pasos especialmente largos. Un guepardo prácticamente puede cubrir la longitud de un bus colegial con un solo paso.*

What is the fennec fox's most notable feature?

¿Cuál es la característica más notable del féneco?

a) Tail *Cola*
b) Ears *Orejas*
c) Fur *Pelaje*
d) Paws *Pezuñas*

Answer: b) Ears

About the size of a Chihuahua, the fennec fox is the world's smallest wild **canine**. It is known for its enormous ears, which are about the size of a child's hand. The fennec fox gets rid of extra body heat through these large, bat-like ears, which help keep the fox cool in the hot deserts of North Africa. Its oversized ears are also very sensitive to sound—the fennec fox is actually able to hear its prey underneath the sand. This allows it to dig in just the right spot to find food such as grasshoppers, lizards, and small rodents.

Respuesta: b) Orejas

Más o menos del tamaño de un Chihuahua, el féneco o zorro del desierto es el cánido salvaje más pequeño del mundo. Es bien conocido por sus enormes orejas que parecen de murciélago y son aproximadamente del tamaño de la mano de un niño. El féneco dispersa el exceso de calor a través de estas enormes orejas, ayudándole a permanecer fresco en los ardientes desiertos norafricanos. Sus enormes orejas también son muy sensibles al sonido. El féneco hasta puede escuchar a su presa debajo de la arena. Esto le permite escarbar en el sitio preciso donde puede encontrar su alimento, tal como los saltamontes, lagartijas y pequeños roedores.

True or false?
Some zebras have identical stripe patterns.

¿Cierto o falso?
Algunas cebras tienen rayas en patrones idénticos.

Question 69 | *Pregunta 69*

Answer: False

There are three different species of zebras: the plains zebra, the mountain zebra, and Grevy's zebra. Each species lives in a different area of Africa and has its own stripe pattern. Even within the same species, though, no two zebras have identical stripes, just as no two people have identical thumbprints. While it was once thought that a zebra's stripes helped it to **camouflage** in tall grass, research now shows that the stripes actually repel flies because the black-and-white pattern confuses them. Zebras belong to the horse family, but have never been **domesticated**.

Respuesta: Falso

*Existen tres especies distintas de cebras, la cebra de la llanura, la cebra de montaña y la cebra de Grevy. Cada especie habita una parte diferente de África y luce su propio patrón de rayas. Sin embargo, aun entre la misma especie, no hay dos cebras con el mismo patrón de rayas, así como no hay dos personas con huellas digitales idénticas. En el pasado se pensaba que las rayas de la cebra le ayudaban a **camuflajearse** en la hierba alta. Se ha demostrado que las rayas en realidad repelen a las moscas porque el patrón blanco y negro les confunde. Las cebras pertenecen a la familia del caballo, pero nunca han sido **domesticadas**.*

The mongoose, a relative of the meerkat, is known for being able to kill venomous _____.

El meloncillo o mangosta, un pariente de la suricata, es reconocido por su habilidad de matar _____ venenosas.

Question 70 | *Pregunta 70*

Answer: snakes

Like its relative the meerkat, the mongoose is a small **carnivore**, preying on rodents, birds, insects, and reptiles. In particular, the Indian gray mongoose is best known for preying on venomous snakes, especially cobras. A fierce fighter and quick killer, the Indian gray mongoose can withstand venomous snake bites because its body is immune to the **venom**. Some families in India actually keep a mongoose as a pet to make sure their home stays free of snakes. The mongoose is a **crepuscular** mammal, meaning that it is most active at dawn and at dusk.

Respuesta: serpientes

*Como su pariente, la suricata, el meloncillo es un pequeño **carnívoro** que depreda roedores, aves, insectos y reptiles. El meloncillo gris es especialmente conocido como un depredador de serpientes venenosas, en particular las cobras. Un feroz luchador y hábil asesino, el meloncillo gris tolera picadas de serpientes **venenosas** porque su cuerpo es inmune al veneno. Algunas familias en la India hasta tienen meloncillos de mascotas para asegurar que sus hogares permanezcan libres de serpientes. El meloncillo es un mamífero **crepuscular**, es decir que es más activo al atardecer y al amanecer.*

How long is a giraffe's neck?

¿De qué largo es el cuello de una jirafa?

Question 71 | Pregunta 71

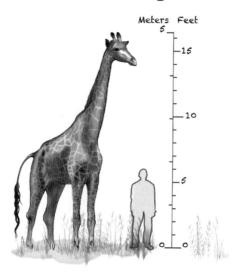

Answer: About 6 ft long, which is almost 2 m

Native to the savannas of Africa, the giraffe is the world's tallest mammal. A giraffe's neck measures a little more than the height of an average man, and its legs are equally as long. All together, an adult giraffe stands tall enough to look through a second-story window. Despite its long neck, a giraffe has trouble reaching down to the ground because of its long legs. This is why a giraffe prefers to eat tree leaves. Staying upright to eat, sleep, and even while giving birth allows a giraffe to see any approaching **predators**.

Respuesta: Aproximadamente 6 pies o casi 2 metros de largo

*Nativa de las sabanas de África, la jirafa es el mamífero más alto del mundo. El cuello de una jirafa mide un poco más que la estatura normal de un hombre, y sus piernas son igualmente largas. En total, una jirafa adulta de pie es tan alta que puede mirar por la ventana de un primer piso. A pesar de su largo cuello, a la jirafa le cuesta llegar al suelo por sus largas patas. Es por esto que la jirafa prefiere comer las hojas de los árboles. Mantenerse de pie para comer, dormir, y hasta para parir, le permite a la jirafa observar cualquier **depredador** que se le acerque.*

True or false?
Gophers cause soil damage.

¿Cierto o falso?
Las tuzas pueden lastimar la tierra.

Question 72 | *Pregunta 72*

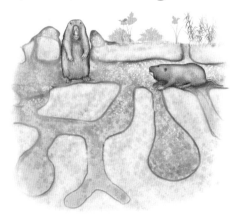

Answer: False

Gophers are **fossorial**, which means "digging" in Latin; they spend most of their time underground making tunnels. Properly known as pocket gophers, they are called such because of the pouches of fur-lined skin on the outside of their cheeks. As gophers tunnel underground, they store bits of food or nesting material in their cheek pockets. Gophers dig their tunnels into extensive networks which can disrupt plant roots, so gardeners and farmers have to protect their property from gophers. Despite this, these tunneling rodents play an important part in keeping the soil healthy by mixing and loosening it.

Respuesta: Falso

*Las tuzas son **cavadoras**, que viene de la palabra «cavador» en latín. Pasan la mayor parte de su tiempo bajo tierra excavando túneles. Propiamente son conocidas como ratas de abazones, por tener unas bolsas forradas de piel en el exterior de sus cachetes. A medida que las tuzas cavan bajo tierra, van almacenando comida, o material para anidar, en sus abazones. Las tuzas cavan sus túneles en amplias redes que pueden interferir con las raíces de las plantas, por lo que los granjeros y jardineros tienen que proteger sus propiedades de las tuzas. A pesar de esto, estos roedores cavadores juegan un papel importante en mantener la tierra saludable al soltarla y mezclarla.*

After becoming extinct in the wild, the Arabian oryx was re-bred and let into the wild again; this is called _____.

Después de su extinción en estado salvaje, el orix Árabe fue criado y devuelto a la naturaleza; a esto se le llama _____.

Answer: reintroduction

The Arabian oryx is a type of antelope found in the hot, dry plains of the Middle East. It has a white coat with dark brown legs, and two long horns that slightly curve toward its back. Just fifty years ago, the Arabian oryx could only be found in captivity and was declared **extinct** in the wild due to uncontrolled capture and hunting. Thanks to a successful zoo-based breeding program called "Operation Oryx," the species was **reintroduced** into the wild and herds can once again be found in the Middle East.

Respuesta: reintroducción

*El orix árabe es una especie de antílope de las calurosas y secas llanuras del medio oriente. Tiene un abrigo de piel blanca, con piernas marrón oscuro y dos largos cuernos ligeramente curvos hacia su espalda. Hace tan solo cincuenta años, como resultado de su implacable captura y cacería, el orix árabe solo existía en cautiverio y fue declarado **extinto** en la naturaleza. Gracias a un exitoso programa de cría en zoológicos llamado «Operación Orix», la especie fue **reintroducida** a la naturaleza en el medio oriente, donde nuevamente se le puede observar en manadas.*

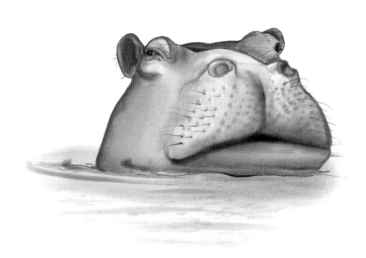

How wide can a hippo open its mouth?

¿Cuánto puede abrir un hipopótamo su boca?

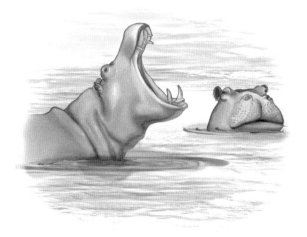

Answer: About 4 ft, which is over 1 m

With the largest mouth of any land mammal, a hippopotamus, or hippo for short, can open its mouth to an angle of almost 180 degrees. This behavior is called "gaping." The biggest male hippo of a group will often gape to show that he is in charge, or to frighten away predators. Hippos are **semi-aquatic** mammals, meaning that they spend a lot of time in the water. Though hippos are **herbivores**, their sharp **tusks**, powerful jaws, and aggressive habits can be a deadly combination. As many as 3,000 people in Africa are killed each year in hippo attacks.

Respuesta: Aproximadamente 4 pies, que es más de 1 metro

*Con la boca más grande de todos los mamíferos terrestres, un hipopótamo puede abrir su boca hasta un ángulo de casi 180 grados. A este comportamiento se le llama bostezar. El hipopótamo macho más grande frecuentemente bosteza para demostrar que está a cargo, o espantar depredadores. Los hipopótamos son mamíferos **semi-acuáticos**, lo que significa que permanecen mucho tiempo en el agua. Aunque los hipopótamos son **herbívoros**, sus afilados **colmillos**, fuertes mandíbulas y hábitos agresivos son una peligrosa combinación. Hasta 3.000 personas mueren anualmente en África en ataques de hipopótamos.*

Which of the following animals is the main food source for the black-footed ferret?

¿Cuál de los siguientes animales es el alimento principal del turón patinegro?

a) Prairie dog *Perrito de la pradera*
b) Grouse *Urogallo*
c) Prairie chicken *Gallo de las praderas*
d) Rabbit *Conejo*

Answer: a) Prairie dog

The prairie dog, a type of large ground squirrel, is the primary food source for the black-footed ferret. Both prey and predator are about the same size, so a black-footed ferret can easily enter a prairie dog burrow and hunt it in its own home. Because of its sneaky hunting habits and its facial markings, the black-footed ferret is known as the "masked bandit" of the American plains. As North America's only ferret species, the black-footed ferret plays an important part in maintaining the balance of its natural **habitat** by keeping prairie dogs from **overpopulating**.

Respuesta: a) Perrito de la pradera

*El perrito de la pradera, una especie de ardilla terrestre grande, es el alimento principal del turón patinegro. Ambos, la presa y el depredador, son casi del mismo tamaño, lo que le permite al turón patinegro entrar fácilmente en la madriguera del perrito de la pradera y cazarlo en su propio hogar. Por las marcas de máscara de bandido en su cara y sus hábitos de cacería sigilosos, al turón patinegro se le conoce en la llanura americana como el «bandido enmascarado» o «masked bandit» en inglés. Siendo la única especie de turón en Norteamérica, el turón patinegro juega un papel importante en mantener el balance de su **hábitat** natural, impidiendo la **sobrepoblación** de los perritos de la pradera.*

True or false?
The hyena is a member of the canine family.

¿Cierto o falso?
La hiena pertenece a la familia de los cánidos.

175

Question 76 | Pregunta 76

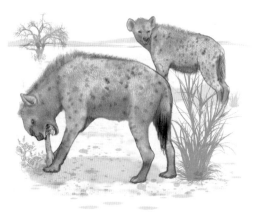

Answer: False

Though the hyena looks like a type of wild dog, it actually belongs to its own family of carnivores, Hyaenidae. There are four species in the hyena family; they are native to Africa and parts of Asia. Though hyenas primarily **scavenge** off of other predators' prey, they will also hunt, either by themselves or in a **pack**. With their powerful jaws and strong teeth, hyenas can eat practically every part of their prey, including bones, fur, and teeth. The term "laughing hyena" came about because one species, the spotted hyena, makes a giggling sound, but not because it is happy—it "laughs" when it is threatened or under attack!

Respuesta: Falso

*Aunque la hiena se asemeja a un perro salvaje, en realidad pertenece a su propia familia de carnívoros, Hyaenidae. Existen cuatro especies en la familia de los hiénidos. Son nativos de África y partes de Asia. Aunque las hienas son principalmente **carroñeras** que se alimentan de la presa de otros depredadores, también cazan solas o en **manada**. Con sus fuertes dientes y poderosas mandíbulas, la hiena puede comerse su presa casi entera, incluyendo huesos, pelaje y dentadura. Se dice que las hienas carcajean porque una de las especies, la hiena manchada, tiene un ladrido que suena como una risa macabra; no porque está feliz, pero, por el contrario, porque se siente amenazada o bajo ataque.*

Question 77 | *Pregunta 77*

How long can a camel go without water?

¿Cuánto tiempo puede sobrevivir un camello sin beber agua?

Question 77 | Pregunta 77

Answer: About seven months

There are two types of camels: the dromedary has one hump and the Bactrian has two. Though a camel can go about seven months without drinking water, this is usually in extreme circumstances. Generally, a camel gets moisture from the plants it eats. When a camel does drink, it can take in as much as a bathtub full of water in three minutes. Many people think that camels' humps store water. In fact, camels' humps are made of fat. If food or water is scarce, camels can use the fat in their humps as "fuel" for their bodies.

Respuesta: Cerca de siete meses

Existen dos tipos de camellos: el dromedario con una joroba o giba, y el bactriano con dos. Aunque un camello puede tolerar aproximadamente siete meses sin beber agua, esto ocurre solo en situaciones extremas. Generalmente un camello extrae la humedad de las plantas que come. Cuando bebe agua, un camello puede beber el contenido de una tina llena de agua en tres minutos. Muchas personas creen que los camellos almacenan agua en sus jorobas. La realidad es que las jorobas están compuestas de grasa. Si escasea el agua o alimento, los camellos pueden usar sus jorobas como fuente de energía para sus cuerpos.

The Marvel of Motherhood

La maravilla materna

All mammals, from the humble rat to the magnificent blue whale, have very similar beginnings. Before birth, they are carried inside their mother's body while they develop. Mammals are born at different levels of maturity. Most hoofed mammals are up and walking soon after birth, whereas primates are born almost completely helpless. Some mammals, like dolphins, only have one baby at a time. Other mammals, such as pigs, give birth to a whole group. After being born, mammal babies rely on their mother's care, which includes feeding, protecting, and teaching survival skills. Read on to learn how mammal moms make sure their young can thrive in a big world.

Todos los mamíferos, desde la humilde rata hasta la magnífica ballena azul, comparten un origen semejante. Antes de nacer se desarrollan dentro del cuerpo de su madre. Los mamíferos nacen a distintos niveles de madurez. La mayoría de los mamíferos de pezuña hendida se levantan y al poco tiempo de nacer caminan, mientras que los primates nacen casi completamente indefensos. Algunos mamíferos, como los delfines, tienen una cría a la vez. Otros mamíferos, como los cerdos, producen un grupo entero de crías. Después de nacer, las crías de los mamíferos dependen del cuidado de sus madres, que incluye alimentación, protección y enseñanza de destrezas para poder sobrevivir. Sigue leyendo para saber cómo las madres mamíferas se aseguran que sus crías puedan prosperar en el inmenso mundo.

Which of these words describes the period of time that a mammal mother carries her unborn young?

¿Cuál de estas palabras describe el período de tiempo en que la madre mamífera carga su cría antes de nacer?

a) Incubation *Incubación*
b) Reproduction *Reproducción*
c) Gestation *Gestación*
d) Maturation *Maduración*

Answer: c) Gestation

For humans this is called **pregnancy,** but for the rest of the mammal world, it is referred to as **gestation.** During gestation, the unborn young grows inside its mother's **uterus,** a special organ in her body which provides nutrients and protection to the developing baby. The period of time for gestation varies widely depending on the species. For some mammals, it is just a few weeks; for others, almost two years. Gestation time depends a lot on how the unborn offspring grow and develop inside the mother, which is different for each species.

Respuesta: c) Gestación

*En los humanos a este período se le llama **embarazo,** pero para el resto del mundo mamífero se le llama **gestación.** Durante la gestación, la cría se desarrolla en el **útero** de su madre, un órgano especial de su cuerpo que lo nutre y protege. El período de gestación varía mucho dependiendo de la especie. En el caso de algunos mamíferos, se trata de solo unas cuantas semanas; para otros casi dos años. El período de gestación depende mucho de la manera en la que la cría crece y se desarrolla dentro de la madre, que es diferente para cada especie.*

True or false?
The process of gestation and birth is the same for all mammals.

¿Cierto o falso?
El proceso de gestación y nacimiento es igual para todos los mamíferos.

| Marsupials | Placentals | Monotremes |
| *Marsupiales* | *Placentarios* | *Monotremados* |

Answer: False

Mammals are divided into three groups based on their process of gestation and birth. Most mammals, including humans, are **placental**, meaning that the unborn young develops inside its mother's uterus and is nourished through an organ called the placenta. At birth, the mother pushes the baby out of her body. **Marsupials**, such as kangaroos, have a very short gestation period. The undeveloped baby then crawls into its mother's pouch, where it will feed on her **milk** continually until it is fully developed and can leave the pouch. **Monotremes**, such as platypuses, actually hatch from eggs that the mother lays.

Respuesta: Falso

*A los mamíferos se los divide en tres grupos, con base en el proceso de gestación y nacimiento. La mayoría de los mamíferos, incluyendo los humanos, son **placentarios**. Esto significa que antes de nacer, la cría se desarrolla dentro del útero de su madre, alimentado por un órgano especial llamado placenta. Al nacer, la madre empuja a la cría afuera de su cuerpo. Los **marsupiales** como los canguros tienen un período de gestación muy breve. La cría inmadura se arrastra hasta la bolsa de su madre, donde se alimentará continuamente de su **leche** hasta que se desarrolle completamente y pueda abandonar la bolsa. Los **monotremados**, como los ornitorrincos, nacen de huevos puestos por la madre.*

How long is gestation for an elephant?

¿Cuánto dura la gestación de un elefante?

Question 80 | *Pregunta 80*

Answer: Almost two years

Of all mammals, the elephant has the longest gestation, lasting nearly two years. The gestation period is so long due to the unborn elephant's physical size and brain capacity. A mother elephant almost always gives birth to a single calf; twins are rare. Because the calf is born very well developed, it can walk soon after birth, staying close to its mother and following her wherever she goes. This is why elephants are called follow mammals. A mother elephant's milk is low in protein and fat, so her calf must feed often.

Respuesta: Casi dos años

De todos los mamíferos, el elefante tiene el período de gestación más largo, que dura casi dos años. El período de gestación es tan largo por el tamaño físico y capacidad cerebral de la cría. Una madre elefante casi siempre produce solo una cría. Son muy raros los mellizos. Dado que la cría nace muy desarrollada, puede caminar poco después de nacer, permaneciendo cerca de su madre y siguiéndola donde sea que vaya. La leche de una madre elefante es baja en grasa y proteína, por lo cual su cría debe comer con mucha frecuencia.

_____ is the first food for mammal babies.

_____ es el primer alimento de crías mamíferas.

Question 81 | *Pregunta 81*

Answer: Milk

All mammal mothers, from the smallest mouse to the largest whale, produce milk to feed their babies. This is one of the key features of being a mammal. Each mother's milk is unique to the species, having just the right amounts of fat, protein, sugar, and water for the proper development of her young. The milk also contains infection-fighting nutrients that keep the babies healthy. When a baby mammal feeds on its mother's milk, it is called **nursing** or suckling. When a human mother nurses her baby, it is also called **breastfeeding**.

Respuesta: Leche

*Todas las madres mamíferas, desde el pequeño ratón hasta la enorme ballena, producen leche para alimentar a sus crías. Esta es una de las características claves de los mamíferos. La leche materna es única a cada especie, conteniendo las proporciones correctas de grasa, proteína, azúcar y agua para el desarrollo apropiado de la cría. La leche también contiene sustancias para combatir infecciones que protegen la salud de las crías. Cuando una cría mamífera bebe la leche materna se le llama **mamar**. Cuando una madre humana da el pecho se llama **amamantar**.*

Which of these mammals is a marsupial?

¿Cuál de estos mamíferos es un marsupial?

a) **Rat** *Rata*
b) **Armadillo** *Armadillo*
c) **Skunk** *Zorrillo*
d) **Kangaroo** *Canguro*

189

Question 82 | *Pregunta 82*

Answer: d) Kangaroo

Marsupial comes from a Greek word that means "pouch." Kangaroos, koalas, and opossums are just a few of several hundred marsupial species. These mammals have a short gestation period, after which the undeveloped young crawl out of the birth canal, up their mother's abdomen, and into her pouch. Here they will nurse continually over the next several months. Marsupial babies, called joeys, cannot leave the pouch until they are more developed. Once they are old enough, joeys will emerge to explore outside and begin to sample solid foods, though they return to their mother's pouch to nurse and sleep.

Respuesta: d) Canguro

Marsupial *viene de la palabra griega que significa bolsa. Los canguros, koalas y zarigüeyas son solo unas cuantas de las cientas de especies de marsupiales. Estos mamíferos tienen un período de gestación breve, después del cual la cría inmadura se arrastra gateando del canal de parto, sube al abdomen de la madre y se mete en su bolsa marsupial. Ahí amamantará continuamente durante el curso de varios meses. Las crías de marsupiales no abandonan la bolsa marsupial hasta estar más desarrollados. Una vez que han crecido lo suficiente, las crías saldrán afuera a explorar y empezarán a probar alimentos sólidos, pero continuarán regresando a la bolsa marsupial para amamantar y dormir.*

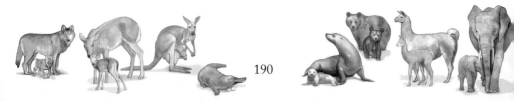

True or false?
All placental mammal babies are born
with their eyes closed.

¿Cierto o falso?
Todas las crías placentarias nacen
con los ojos cerrados.

Question 83 | *Pregunta 83*

Answer: False

Some placental mammal babies are born with their eyes closed, but others are born with their eyes open. Generally, most nest mammals are born with their eyes closed and are completely helpless. They rely on the protection of their burrow and the warmth provided by their littermates. Once their eyes have opened, they can start exploring the world around them. Follow mammals are typically born with their eyes open and are ready to walk soon after birth. They are not kept in a nest or carried around, so the babies must be ready to travel with the mother wherever she goes.

Respuesta: Falso

Algunas crías de mamíferos placentarios nacen con los ojos cerrados, pero otras nacen con los ojos abiertos. En general, la mayoría de los mamíferos de nido nacen con los ojos cerrados y completamente indefensos. Dependen de la protección de su madriguera y del calor que les proporcionan sus compañeros de camada. Una vez que abren los ojos, pueden empezar a explorar el mundo a su alrededor. Los mamíferos de seguimiento suelen nacer con los ojos abiertos y ya están listos para caminar al poco tiempo después de nacer. No se los deja en un nido ni se los carga de un lado a otro, por lo que las crías tienen que estar preparadas para viajar con la madre donde quiera que vaya.

How many families of egg-laying mammals are there?

¿Cuántas familias de mamíferos son ovíparos?

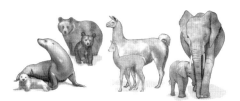

Question 84 | *Pregunta 84*

Answer: Two

There are only two families of egg-laying mammals: the platypus and the echidna, also known as a spiny anteater. There are four species of echidna and only one species of platypus. These mammals are called monotremes, which means "single hole" in Greek. Like birds, the platypus and the echidna have only one opening through which they pass all waste and lay eggs. A female platypus usually lays two eggs at a time, while an echidna only lays one. Monotreme hatchlings are called puggles, and just like all other mammal babies, they are fed with their mother's milk.

Respuesta: Dos

Solo hay dos familias de mamíferos que ponen huevos: el ornitorrinco y el equidna. Existen cuatro especies de equidna y solo una especie de ornitorrinco. A estos mamíferos se les llama monotremos, que significa «un hoyo» en griego. Como las aves, el ornitorrinco y el equidna tienen solo un canal por donde pasa su excremento y ponen huevos. Un ornitorrinco hembra generalmente pone dos huevos a la vez, mientras que un equidna pone solo uno. Los monotremos recién nacidos, al igual que todos los demás mamíferos, se alimentan de la leche de sus madres.

When a mammal mother gives birth to a group of offspring, it is called a(n)_____.

Cuando una madre mamífera pare un grupo de crías, se le llama una_____.

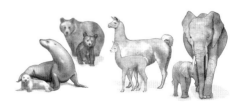

195

Question 85 | *Pregunta 85*

Answer: litter

Mammals that are born in a **litter** are referred to as nest mammals. The mother gives birth to her litter in a protected place such as a burrow or nest. Her babies are very helpless when they are newborns and need their mother's care. Though the mother may leave between feedings, the litter stays safe and warm together in the nest. The mother's milk does not have high amounts of protein or fat, so she nurses her litter every few hours. The most well known nest mammals are rodents, **canines**, and **felines**.

Respuesta: camada

*Los mamíferos que nacen en **camadas** anidan. La madre pare a sus crías en un sitio protegido como una madriguera o un nido. Las crías recién nacidas son muy indefensas y necesitan el amparo de la madre. Aunque la madre puede dejarlos entre comidas, la camada permanece calientita, sana y salva dentro del nido. La leche materna no tiene altas proporciones de grasa o proteína, por lo que la madre amamanta a sus crías cada pocas horas. La mayoría de los mamíferos que anidan son roedores, **cánidos** y **felinos**.*

True or false?
Mammal mothers always stay with their young to keep them safe.

¿Cierto o falso?
La madre mamífera siempre permanece con sus crías para protegerlos.

Question 86 | *Pregunta 86*

Answer: False

While some mammal mothers are always with their babies, others leave their young alone for many hours at a time in a hidden place. The mother forages nearby so that she can hear if her babies call. They are safer by themselves because the mother's scent and movement may attract **predators**. This type of mammal is called a cache mammal. *Cache* comes from the French word which means "to hide." The mother's milk is high in protein and fat, which keeps her babies full for hours at a time. Cache mammals include various species, such as bears, deer, and rabbits.

Respuesta: Falso

*Aunque algunas madres mamíferas permanecen siempre con sus crías, otras pueden dejarlas solas, ocultas en un sitio, por muchas horas a la vez. La madre busca alimento cerca para poder oír el llamado de sus crías. Están más seguras solas porque el olor y movimiento de la madre puede atraer **depredadores**. Este tipo de mamífero esconde o coloca en cache a su cría. La palabra cache viene de la palabra en francés que significa ocultar. La leche de la madre es alta en grasa y proteína, que mantiene llenas a sus crías durante varias horas a la vez. Los mamíferos que esconden a sus crías incluyen varias especies, como los osos, ciervos y conejos.*

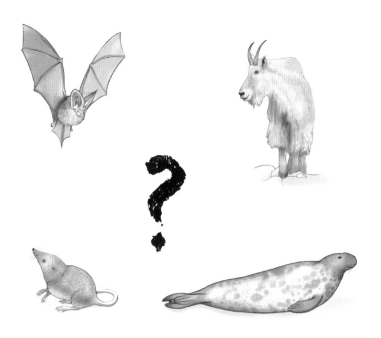

Which mammal nurses its young for only four days?

¿Cuál mamífero amamanta a su cría por solo cuatro días?

a) Pygmy shrew *Musaraña enana*
b) Hooded seal *Foca de casco o capuchina*
c) Gray bat *Murciélago ceniciento o gris*
d) Mountain goat *Cabra de las rocosas*

Question 87 | *Pregunta 87*

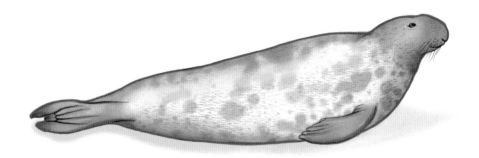

Answer: b) Hooded seal

The hooded seal lives in the Arctic, where it spends most of its time diving deep underwater for food. Hooded seal pups are born on the ice and must build up a layer of blubber, or fat, very quickly in order to survive the Arctic's harsh conditions. Over a four-day nursing period, the pup drinks so much milk that its body doubles in size. The mother's milk is 60% fat, which is the highest fat content of all mammal milk; by comparison, cow's milk is just over 3% fat. The hooded seal has the shortest nursing period of all mammals.

Respuesta: b) Foca de casco o capuchina

La foca de casco vive en el Ártico, donde pasa la mayor parte del tiempo buceando en las profundidades en busca de alimento. Los cachorros de la foca de casco nacen sobre el hielo y deben desarrollar una gruesa capa de grasa rápidamente para sobrevivir a las hostiles condiciones del Ártico. Durante un período de cuatro días, el cachorro bebe tanta leche que duplica su tamaño. La leche de su madre es 60% grasa, la proporción de grasa más alta de todos los mamíferos. En comparación, la leche de vaca contiene solo 3% de grasa. La foca de casco amamanta a sus crías por el período más breve de todos los mamíferos.

Question 88 | *Pregunta 88*

How long does an orangutan baby nurse before being fully weaned?

¿Cuánto tiempo amamanta un pequeño orangután antes de destetarse por completo?

Question 88 | *Pregunta 88*

Answer: About seven years

The orangutan has the longest nursing period of any mammal. This is because the baby has a slow rate of growth and development. Even though it is born with its eyes open, an orangutan baby is completely helpless and relies on its mother for warmth, food, protection, and transportation. The mother must carry her baby wherever she goes. For this reason, an orangutan is called a carry mammal. The mother's milk is low in protein and fat, so she must nurse her baby throughout the day and night. An orangutan baby is not fully **weaned** until it is about seven years old.

Respuesta: Aproximadamente siete años

*El orangután amamanta a sus crías por el período más largo de todos los mamíferos. Esto es así porque la cría crece y se desarrolla muy lentamente. Aunque nace con sus ojos abiertos, la cría del orangután es completamente indefensa y depende de su madre para abrigo, alimento, protección y transporte. La madre carga a su cría donde sea que vaya. La leche de la madre es baja en proteína y grasa, por lo cual debe amamantar a su cría noche y día. La cría del orangután no se **desteta** hasta más o menos los siete años.*

Weird and Wild

Extraños y salvajes

In this book, you have traveled all around the world—from the plains of Africa to the rainforests of South America, from high in the mountains to deep in the ocean—exploring all kinds of mammals and how they live. Now you know why a donkey is thought to be stubborn, how a sloth is able to camouflage itself, and what a hippo does to scare away predators. There is no end to learning about the wonderful world of mammals. Here are some final facts to add to what you already know. For example, which mammal can walk on water? Turn the page and find out!

En este libro has atravesado a todo el mundo, desde las llanuras de África hasta las selvas tropicales de Suramérica, desde lo más alto de las montañas hasta las profundidades del mar, conociendo todo tipo de mamíferos y cómo viven. Ahora sabes por qué se piensa que un burro es terco, cómo se camuflajea un perezoso, y lo que hace un hipopótamo para espantar depredadores. Es infinito lo que se puede aprender acerca del maravilloso mundo de los mamíferos. Aquí hay unos últimos datos para aumentar tu conocimiento. Por ejemplo, ¿qué mamífero puede caminar sobre el agua? ¡Pasa la página y verás!

Though the pangolin is a mammal, it looks more like a reptile because its skin is covered in _____.

Aunque el pangolín es un mamífero, se asemeja más a un reptil, porque su piel está cubierta de _____.

Question 89 | *Pregunta 89*

Answer: scales

The pangolin is the only mammal in the world that has scales covering its skin. These scales are used for protection when a pangolin is threatened. A pangolin's scales are made of keratin, which is the same material that makes up your fingernails. Also known as scaly anteaters, there are eight species of pangolins: four are native to Asia and four are native to Africa. Some species are tree-dwellers in forest areas, while other species live on the ground in savannas. If a pangolin feels threatened, it curls itself up into a tight, armor-like ball and waits for the danger to pass.

Respuesta: escamas

El pangolín es el único mamífero en el mundo con escamas sobre su piel. Estas escamas lo protegen cuando se encuentra amenazado. Las escamas del pangolín son de queratina, el mismo material de tus uñas. Hay ocho especies de pangolín: cuatro nativas de Asia y cuatro nativas de África. Algunas especies viven en los árboles en bosques, mientras otros viven sobre la tierra en las sabanas. Cuando un pangolín se siente amenazado se enrosca en una bola acorazada y espera a que pase el peligro.

Which of these mammals can walk on water?

¿Cuál de estos mamíferos puede caminar sobre el agua?

a) Water shrew *Musaraña acuática*
b) Muskrat *Rata almizclera*
c) River otter *Nutria*
d) Platypus *Ornitorrinco*

Question 90 | *Pregunta 90*

Answer: a) Water shrew

The water shrew looks like a large mouse with a long, pointy nose. It lives near ponds, lakes, streams, and rivers, and is considered an **insectivore** because it mainly eats insects. The water shrew has fringes of stiff hair on its feet, which trap air bubbles and allow it to run across the surface of the water. A water shrew can also dive underwater in search of food. But because air bubbles get trapped in its thick fur, it must dive and swim quickly to avoid floating to the water's surface.

Respuesta: a) Musaraña acuática

La musaraña acuática se parece a un ratón grande con un hocico largo y puntiagudo. Vive cerca de estanques, quebradas y ríos, y se considera un **insectívoro** *porque se alimenta principalmente de insectos. La musaraña acuática tiene cerdas de pelo tieso en sus pezuñas que atrapan burbujas de aire y le permiten correr encima de la superficie del agua. Su grueso pelaje también atrapa burbujas de aire, por lo que debe bucear y nadar rápidamente para evitar flotar a la superficie del agua.*

True or false?
Some mammals are venomous.

¿Cierto o falso?
Algunos mamíferos son venenosos.

Answer: True

While the term "venomous" brings to mind snakes and spiders, there are a handful of mammals that are venomous. **Venom** is a toxic substance released directly into the bloodstream, not to be confused with poison, which enters the body by touching, eating, or breathing. Most venomous mammals release their venom by biting, such as the shrew-like solenodon and the slow loris, a primate. The platypus is the only venomous mammal that does not bite in order to release its venom. Specific to the male platypus, it has a claw-like spur above each hind foot, which releases venom when stabbed into another animal.

Respuesta: Cierto

*Aunque la palabra «venenoso» nos hace pensar en serpientes y arañas, hay unos cuantos mamíferos que son venenosos. **Veneno** es una sustancia tóxica descargada directamente al sistema sanguíneo, que no se debe confundir con sustancias tóxicas que entran en contacto con el cuerpo por el tacto, consumo oral o aspiración. La mayoría de mamíferos venenosos descargan su veneno por mordida, como el solenodon, que se parece a la musaraña, y el loris perezoso, un primate. El ornitorrinco es el único mamífero venenoso que no muerde para descargar su veneno. Es específico a los ornitorrincos machos tener un espolón en cada una de sus patas traseras que puede clavar en otro animal para descargar veneno.*

Which of these mammals is the most dangerous to humans?

¿Cuál de estos mamíferos es más peligroso para los humanos?

a) Grizzly bear *Oso grizzly*
b) Killer whale *Ballena asesina*
c) Domestic dog *Perro doméstico*
d) Wild boar *Jabalí*

Answer: c) Domestic dog

Unfortunately, "man's best friend" can also be man's worst enemy. About 60,000 people worldwide die each year from bites by rabies-infected dogs. Though the United States has a very low incidence of rabies, well over 300,000 people each year end up in the emergency room because of dog bites. Our canine friends make wonderful pets, but the fact is they are still mammals with the natural instinct to attack if they feel threatened. If you have a dog, always treat it with respect and care. If you want to pet a dog that is not your own, always ask the owner's permission first.

Respuesta: c) Perro doméstico

Tristemente el «mejor amigo del hombre» también puede ser su peor enemigo. Mundialmente, casi 60.000 personas al año mueren por mordidas de perros rabiosos. Aunque en los Estados Unidos la incidencia de rabia es muy baja, más de 300.000 personas al año acuden a la sala de emergencia por mordidas de perro. Nuestros amigos caninos son estupendas mascotas, pero la realidad es que siguen siendo mamíferos con el instinto natural de atacar si se sienten amenazados. Si tienes un perro, trátalo siempre con respeto y cuidado. Si quieres acariciar un perro que no te pertenece, siempre pídele permiso al dueño primero.

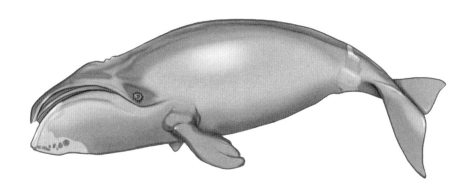

How long can a bowhead whale live?

¿Cuánto vive una ballena boreal?

Answer: About 200 years

The bowhead whale is the world's longest-living mammal, with an average lifespan of 200 years. This means that a 200-year-old bowhead whale alive today was born when Abraham Lincoln was a boy. The bowhead whale gets its name from the distinctive curve of its mouth, which is shaped like an archer's bow. Making its home in the icy waters around the Arctic Circle, the bowhead whale has the thickest blubber, or fat, of any whale species. When a bowhead whale needs to come up for air, its huge, triangular skull is strong enough to break right through the Arctic ice.

Respuesta: Aproximadamente 200 años

La ballena boreal es el mamífero de mayor longevidad del mundo, con una vida promedio de 200 años. Esto significa que una ballena boreal de 200 años que está viva hoy, nació cuando Abraham Lincoln era un niño. A la ballena boreal también se le llama ballena cabeza de arco, por la curva distintiva de su boca, semejante al arco de un arquero. La ballena boreal vive en aguas heladas del círculo Ártico y tiene la capa de grasa más gruesa de todas las especies de ballena. Cuando una ballena boreal necesita salir a tomar aire, su enorme cráneo triangular es tan fuerte que puede romper el hielo ártico.

Some mammals are social and live in groups; others are _____ and live alone.

Algunos mamíferos son sociales y viven en grupos. Otros son _____ y viven solos.

Question 94 | *Pregunta 94*

Answer: solitary

Some mammals, such as monkeys and dolphins, live in large groups, thriving on interaction among the members. These are called social mammals. The goal of social mammals is to raise their young to be interdependent on the other members of their group, which is how they best survive. Other mammals, such as bears and sloths, live by themselves or in very small groups, such as a mother and her babies. These are called solitary mammals. The goal of solitary mammals is to raise their young to be independent, capable of surviving on their own.

Respuesta: solitarios

Algunos mamíferos, como los monos y delfines, conviven en grupos grandes y prosperan con la interacción entre sus miembros. A estos se les llama mamíferos sociales. La meta de mamíferos sociales es enseñarles a sus crías a ser interdependientes con los otros miembros de su grupo, que es su mejor forma de sobrevivir. Otros mamíferos, como los osos y perezosos, viven solos o en grupos muy pequeños, como una madre y sus crías. A estos se les llama mamíferos solitarios. La meta de mamíferos solitarios es enseñarles a sus crías a ser independientes, capaces de sobrevivir por sí solos.

Question 95 | *Pregunta 95*

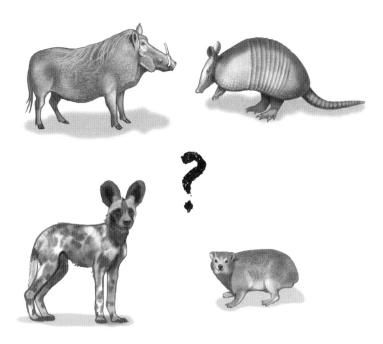

Which mammal always gives birth to identical quadruplets?

¿Qué mamífero siempre pare cuatrillizos idénticos?

a) **Common warthog** *Jabalí verrugoso*
b) **Nine-banded armadillo** *Armadillo de nueve bandas*
c) **African wild dog** *Perro salvaje africano*
d) **Rock hyrax** *Damán del cabo*

Question 95 | *Pregunta 95*

Answer: b) Nine-banded armadillo

The nine-banded armadillo gets its name from the number of armor bands covering its midsection. This armadillo species is unique among other armadillos because the mother always gives birth to identical quadruplets. During early **gestation**, the single egg cell splits into four identical cells, each of which develops into a baby armadillo. Each litter of four armadillo pups are either all males or all females. The pups are born well developed, but because their armor is still soft, they stay safe in their burrow for a few weeks before leaving to explore.

Respuesta: b) Armadillo de nueve bandas

El nombre del armadillo de nueve bandas proviene del número de bandas de armadura que cubre la parte central de su cuerpo. Esta especie de armadillo es única entre los armadillos porque la madre siempre pare cuatrillizos idénticos. Al principio de la **gestación**, *el huevo unicelular se separa en cuatro células idénticas, cada una de las cuales se desarrolla en un pequeño armadillo. Las crías de cada camada de armadillos son o todas hembras o todos machos. Las crías nacen bien desarrolladas, pero, mientras su armadura permanezca blanda, se refugian durante varias semanas en la madriguera antes de salir a explorar.*

True or false?
The Old English Sheepdog is now
an endangered breed.

¿Cierto o falso?
El antiguo pastor inglés es una raza
en peligro de extinción.

Question 96 | *Pregunta 96*

Answer: True

Known for its fluffy coat, the Old English Sheepdog was originally bred as a working dog in rural England. This breed was typically used to help men called "drovers" move livestock from farm to market, which often took many days on foot. The Old English Sheepdog's loyal temperament made it a trustworthy companion, and its wool-like fur kept it warm and dry on the long journey. With changes in farming practices and more people now living in cities, there has been a dramatic downturn in demand for Old English Sheepdogs. Breeders fear this could eventually lead to the dog's extinction.

Respuesta: Cierto

Reconocido por su abundante pelaje, el viejo pastor inglés originalmente fue criado para trabajar en el campo en Inglaterra. Esta raza generalmente se usaba para ayudar a mover ganado de la granja al mercado, que frecuentemente tomaba varios días a pie. El temperamento leal del antiguo pastor inglés lo hace un compañero confiable, y su lanudo pelaje lo mantenía cálido y seco durante el largo camino. Al cambiar las prácticas agrícolas y dado que más personas viven en ciudades, ha bajado muchísimo la demanda por el antiguo pastor inglés. Los criadores temen que eventualmente esto resulte en la extinción del perro.

How long can a naked mole rat live?

¿Cuánto vive una rata topo lampiña?

Answer: Up to 30 years

The naked mole rat can live up to 30 years, which is the longest lifespan of all rodents. In fact, scientists are still researching to find out how naked mole rats live so long and never seem to age. These pink-skinned, wrinkly rodents are neither moles nor rats; they are their own species, native to the deserts and savannas of eastern Africa. As **fossorial** rodents, naked mole rats spend most of their lives underground, creating networks of tunnels and chambers for their colony. They even find their food underground, feeding on the water-filled roots of desert plants, called succulents.

Respuesta: Hasta 30 años

La rata topo lampiña puede vivir hasta 30 años, que es la mayor longevidad de todos los roedores. De hecho, los científicos continúan investigando por qué viven vidas tan largas y no parecen envejecer. Estos roedores rosados, flacos y arrugados no son ni topos ni ratas; son su propia especie, nativa de los desiertos y sabanas del África Oriental. Roedores **cavadores**, *la rata topo lampiña pasa la mayor parte de su vida bajo tierra, creando redes de túneles y salas para su colonia. Incluso encuentran su alimento bajo tierra, comiendo de las raíces de plantas desérticas llenas de agua, llamadas suculentos.*

Where does the Bactrian camel's name come from?

¿A qué debe su nombre el camello bactriano?

a) The explorer who discovered it
   Al explorador que lo descubrió
b) The bacteria it carries
   A las bacterias que tiene
c) The region it originally lived in
   A la región en la que vivía originalmente
d) The feature of having two humps
   Al hecho de tener dos jorobas

Question 98 | *Pregunta 98*

Answer: c) The region it originally lived in

People are often confused about why Bactrian is capitalized, while dromedary is not. The two-humped Bactrian camel is named for the ancient region of Bactria, which is now part of modern-day Afghanistan. The one-humped dromedary camel gets its name from the Greek word dromad, meaning "runner." Because dromedary comes from another word, it is not capitalized. On the other hand, Bactrian comes from the name of a geographic region, so it is capitalized. This rule also applies to mammals named for people. For example, Hector's dolphin is named for Sir James Hector, the scientist who first described the species.

Respuesta: c) A la región en la que vivía originalmente

Los nombres de las dos especies diferentes de camellos, bactrianos y dromedarios, tienen orígenes muy distintos. El nombre dromedario procede de otra palabra, pero bactriano proviene del nombre de una región geográfica. El camello bactriano de dos jorobas debe su nombre a la antigua región de Bactria, que hoy forma parte del actual Afganistán. El camello dromedario de una joroba, en cambio, recibe su nombre de la palabra griega dromad, que significa «corredor».

True or false?
Monkeys only eat bananas.

¿Cierto o falso?
Los monos solamente comen bananas.

Question 99 | *Pregunta 99*

Answer: False

Though monkeys are commonly portrayed as eating bananas, they actually eat a variety of foods, including meat. In fact, research now shows that most primates eat some form of meat. The frequency, amount, and type of meat consumed depends on the primate species. For example, vervet monkeys primarily eat plants, but will occasionally eat eggs, birds, or rodents. In contrast, baboons are opportunistic eaters, consuming just about anything that is edible. This includes larger forms of meat such as sheep or goats. Many African farmers consider baboons to be pests because they are known to prey on livestock.

Respuesta: Falso

Aunque a los monos frecuentemente se les representa comiendo bananas, en realidad comen una variedad de alimentos, incluyendo carne. De hecho, estudios recientes demuestran que la mayoría de los primates consumen algún tipo de carne. La frecuencia, cantidad y tipo de carne que consumen depende de la especie de primate. Por ejemplo, los cercopitecos verdes se alimentan principalmente de plantas, pero de vez en cuando comen huevos, aves o roedores. Por otro lado, los babuinos son consumidores oportunistas que se alimentan de cualquier cosa que sea comestible. Esto incluye animales más grandes como ovejas y cabras. Muchos granjeros africanos consideran a los babuinos una plaga porque se sabe que depredan el ganado.

Mammals Chart

Discover more about the mammals included in this book!

Each entry in the mammals chart includes the name of the mammal, what its babies are called, what a group made up of those mammals is called (mammals that do not live in groups are marked "solitary"), and the order and the family to which it belongs.

Each mammal entry also has a symbol next to it. This is the conservation status of the mammal. The conservation status indicates how close a species is to extinction. On this chart, "least concern" is the lowest level, and "critically endangered" is the highest. Use the legend below to check the status of each animal.

(I) Insufficient Data   (L) Least concern   (T) Near threatened

(V) Vulnerable   (E) Endangered   (C) Critically endangered

(*) Status varies depending on individual species

	Mammal	Baby	Group Name	Order	Family
L	aardvark	calf, cub	solitary	Tubulidentata	Orycteropodidae
V	anteater, giant	pup	solitary	Pilosa	Myrmecophagidae
C	ape	baby	shrewdness, tribe	Primates	Hominidae
L	armadillo, nine-banded	pup	solitary	Cingulata	Dasypodidae
T	bat, Kitti's hog-nosed	pup	colony	Chiroptera	Craseonycteridae
L	bear, American black	cub	solitary	Carnivora	Ursidae
V	bear, polar	cub	solitary	Carnivora	Ursidae
I	bear, grizzly	cub	solitary	Carnivora	Ursidae
L	beaver	kit	colony, family	Rodentia	Castoridae
C	camel, Bactrian	calf	herd	Artiodactyla	Camelidae
L	camel, dromedary	calf	herd	Artiodactyla	Camelidae

	Mammal	Baby	Group Name	Order	Family
L	capybara	pup	herd	Rodentia	Caviidae
L	cat [domestic]	kitten	clowder	Carnivora	Felidae
V	cheetah	cub	coalition	Carnivora	Felidae
L	cow	calf	herd	Artiodactyla	Bovidae
L	deer	fawn	herd	Artiodactyla	Cervidae
L	dog [domestic]	puppy	pack	Carnivora	Canidae
T	dog, Old English Sheepdog	puppy	pack	Carnivora	Canidae
T	dog, short-eared	pup, whelp	solitary	Carnivora	Canidae
*	dolphin, oceanic	calf	pod	Artiodactyla	Delphinidae
L	donkey	foal	drove	Perissodactyla	Equidae
V	dugong	calf	solitary	Sirenia	Dugongidae
E	elephant, African	calf	herd	Proboscidea	Elephantidae
E	elephant, Asian	calf	herd	Proboscidea	Elephantidae
L	elk	calf	gang	Artiodactyla	Cervidae
E	ferret, black-footed	kit	business	Carnivora	Mustelidae
L	fox, fennec	kit	skulk, leash	Carnivora	Canidae
*	galago	infant	family unit	Primates	Galagidae
*	giraffe	calf	tower	Artiodactyla	Giraffidae
*	goat	kid	tribe, trip	Artiodactyla	Caprinae [subfamily]
*	gopher	pup	solitary	Rodentia	Geomyidae
V	hippopotamus	calf	bloat	Artiodactyla	Hippopotamidae
L	honey possum	joey	solitary	Diprotodontia	Tarsipedidae
*	horse	foal	herd	Perissodactyla	Equidae

	Mammal	Baby	Group Name	Order	Family
(L)	human	baby	family, community, clan, tribe...	Primates	Hominidae
(L)	hyena	cub	clan, cackle	Carnivora	Hyaenidae
(L)	hyrax, rock	pup	colony	Hyracoidea	Procaviidae
(L)	kangaroo	joey	mob	Diprotodontia	Macropodidae
(E)	koala	joey	solitary	Diprotodontia	Phascolarctidae
(V)	lion	cub	pride	Carnivora	Felidae
(L)	llama	cria	herd	Artiodactyla	Camelidae
(V)	manatee	calf	aggregation	Sirenia	Trichechidae
(*)	marmot	pup	colony	Rodentia	Sciuridae
(L)	mongoose, Indian gray	pup	solitary	Carnivora	Herpestidae
(E)	monkey, howler	infant	troop	Primates	Atelidae
(L)	moose	moose	solitary	Artiodactyla	Cervidae
(L)	mountain lion	cub	solitary	Carnivora	Felidae
(L)	mouse [common]	pup, pinky	mischief	Rodentia	Muridae
(L)	mule	foal	pack	Perissodactyla	Equidae
(L)	narwhal	calf	blessing	Artiodactyla	Monodontidae
(*)	opossum	joey	passel	Didelphimorphia	Didelphidae
(C)	orangutan	baby, infant	solitary	Primates	Hominidae
(I)	orca	calf	pod	Artiodactyla	Delphinidae
(V)	oryx, Arabian	calf	herd	Artiodactyla	Hippotraginae [subfamily]
(E)	otter, giant	pup, kitten	bevy, raft	Carnivora	Mustelidae
(E)	otter, sea	pup, kitten	raft	Carnivora	Mustelidae
(*)	pig	piglet	drift, team	Artiodactyla	Suidae
(L)	pika	kit	colony	Lagomorpha	Ochotonidae

	Mammal	Baby	Group Name	Order	Family
T	platypus	puggle	paddle	Monotremata	Ornithorhynchus
*	porpoise	pup, calf	shoal	Artiodactyla	Phocoenidae
*	rabbit	kitten, kit	colony, fluffle	Lagomorpha	Leporidae
*	rhinocerous	calf	crash	Perissodactyla	Rhinocerotidae
C	saola	calf	solitary	Artiodactyla	Bovidae
*	sea lion	pup	raft	Carnivora	Otariidae
V	seal, hooded	pup	colony, bob	Carnivora	Phocidae
*	sheep	lamb	herd	Artiodactyla	Caprinae [subfamily]
L	sheep, bighorn	lamb	herd	Artiodactyla	Caprinae [subfamily]
L	shrew, water	pup	caravan	Eulipotyphla	Soricidae
*	sloth	slowbie	solitary	Pilosa	Megalonychidae and Bradypodidae
L	sugar glider	joey	colony	Diprotodontia	Petauridae
T	tahr, Himalayan	kid	herd	Artiodactyla	Caprinae [subfamily]
*	tapir	calf	candle	Perissodactyla	Tapiridae
E	Tasmanian devil	imp, joey	solitary	Dasyuromorphia	Dasyuridae
E	tiger	cub	streak	Carnivora	Felidae
*	wallaby	joey	mob	Diprotodontia	Macropodidae
V	walrus	calf	herd	Carnivora	Odobenidae
E	whale, blue	calf	pod	Artiodactyla	Balaenopteridae
L	whale, bowhead	calf	pod	Artiodactyla	Balaenidae
L	wolf, gray	pup	pack	Carnivora	Canidae
L	wolverine	kit, cub	solitary	Carnivora	Mustelidae
*	wombat	joey	wisdom	Diprotodontia	Vombatidae
*	zebra	foal	dazzle	Perissodactyla	Equidae
L	zebu	calf	herd	Artiodactyla	Bovidae

Cuadro de Mamíferos

¡Descubre más acerca de cada uno de los mamíferos descritos en este libro!

Cada renglón del cuadro de mamíferos incluye el nombre del mamífero, cómo se llaman su cría, cómo se llaman los grupos del mamífero (se indican como solitarios a los mamíferos que no viven en grupos), y el orden y la familia a la que pertenece.

También se incluye un símbolo al lado de cada mamífero. Este símbolo indica el estado de conservación del mamífero. El estado de conservación refleja la probabilidad de extinción de la especie. En este cuadro, el nivel más bajo es «preocupación menor», y «seriamente amenazada» es el más alto.

(I) *Insuficientes datos*   (P) *Preocupación menor*   (C) *Casi amenazada*

(V) *Vulnerable*   (A) *Amenazada*   (S) *Seriamente amenazada*

(*) *El estado depende de cada especie específica*

	Mamífero	Cría	Nombre del Grupo	Orden	Familia
(P)	alce	ternero	solitario	Artiodactyla	Cervidae
(P)	armadillo, de nueve bandas	cría	solitario	Cingulata	Dasypodidae
(P)	ballena, boreal o cabeza de arco	ballenato	escuela	Artiodactyla	Balaenidae
(A)	ballena, gran ballena azul	ballenato	escuela	Artiodactyla	Balaenopteridae
(P)	burro o asno	pollino	recua, manada	Perissodactyla	Equidae
(*)	caballo	potrillo	caballada, manada	Perissodactyla	Equidae
(*)	cabra	cabrito	rebaño	Artiodactyla	Caprinae [subfamilia]
(P)	cabra de las rocosas	cabrito	manada	Artiodactyla	Caprinae [subfamilia]
(S)	camello, bactriano	ternero de camello	manada	Artiodactyla	Camelidae

	Mamífero	Cría	Nombre del Grupo	Orden	Familia
P	camello, dromedario	ternero de camello	manada	Artiodactyla	Camelidae
P	canguro	cría		Diprotodontia	Camelidae
P	capibara	cría	manada	Rodentia	Caviidae
P	castor	cría	colonia, familia	Rodentia	Castoridae
*	cebra	potro	manada	Perissodactyla	Equidae
P	cebú	ternero, becerro (m) o vaquilla (f)	manada	Artiodactyla	Bovidae
*	cerdo	lechón	piara, manada	Artiodactyla	Suidae
P	cerdo hormiguero	pup, cría	solitario	Tubulidentata	Orycteropodidae
P	ciervo	cervato	manada	Artiodactyla	Cervidae
*	conejo	gazapo		Lagomorpha	Leporidae
P	damán, del cabo	cría	colonia	Hyracoidea	Procaviidae
*	delfín, oceánico	cría, delfinato	rebaño, escuela	Artiodactyla	Delphinidae
A	demonio de Tasmania		solitario	Dasyuromorphia	Dasyuridae
V	dugongo	cría	solitario	Sirenia	Dugongidae
A	elefante, africano	cría de elefante	rebaño, manada	Proboscidea	Elephantidae
A	elefante, asiático	cría de elefante	rebaño, manada	Proboscidea	Elephantidae
P	falangero mielero	cría	solitario	Diprotodontia	Tarsipedidae
P	féneco, zorro del desierto	cría		Carnivora	Canidae
V	foca de casco o capuchina	cría	colonia	Carnivora	Phocidae

	Mamífero	Cría	Nombre del Grupo	Orden	Familia
*	gálago	cría		Primates	Galagidae
P	gato (doméstico)	gatito		Carnivora	Felidae
P	glotón	cría	solitario	Carnivora	Mustelidae
V	guepardo o chita	cachorro		Carnivora	Felidae
P	hiena	cachorro	manada	Carnivora	Hyaenidae
V	hipopótamo	cría, ternera		Artiodactyla	Hippopotamidae
S	hominoideo	cría		Primates	Hominidae
P	humano	bebé	familia, comunidad, clan, tribu . . .	Primates	Hominidae
*	jirafa	ternero de jirafa	manada	Artiodactyla	Giraffidae
A	koala	cría	solitario	Carnivora	Mustelidae
V	león	cachorro		Carnivora	Felidae
P	león de montaña	cachorro	solitario	Carnivora	Felidae
*	león marino	cachorro		Carnivora	Otariidae
P	llama	cría	manada	Artiodactyla	Camelidae
P	lobo, gris	lobato	manada	Carnivora	Canidae
V	manatí	cría		Sirenia	Trichechidae
P	mangosta, pardo	cría	solitario	Carnivora	Herpestidae
*	marmota	cría	colonia	Rodentia	Sciuridae
*	marsopa	cría	escuela	Artiodactyla	Phocoenidae
A	mono, aullador	cría		Primates	Atelidae
V	morsa	cría	colonia	Carnivora	Odobenidae
P	mula	potrillo		Perissodactyla	Equidae
C	murciélago, nariz de cerdo de Kitti	cría, cachorro	colonia	Chiroptera	Craseonycteridae
P	musaraña	cría		Eulipotyphla	Soricidae

	Mamífero	Cría	Nombre del Grupo	Orden	Familia
P	narval	cría		Artiodactyla	Monodontidae
A	nutria, gigante	cría		Carnivora	Mustelidae
A	nutria, oceánica	cría		Carnivora	Mustelidae
S	orangután	bebé de orangután	solitario	Primates	Hominidae
I	orca	cría	escuela	Artiodactyla	Delphinidae
V	orix, árabe	cría	manada	Artiodactyla	Hippotraginae [subfamilia]
C	ornitorrinco	cría		Monotremata	Ornithorhynchus
I	oso, grizzly	osezno	solitario	Carnivora	Ursidae
V	oso hormiguero, gigante	cachorro	solitario	Pilosa	Myrmecophagidae
P	oso, negro	osezno	solitario	Carnivora	Ursidae
V	oso, polar	osezno	solitario	Carnivora	Ursidae
*	oveja	cordero	rebaño	Artiodactyla	Caprinae [subfamilia]
*	perezoso	cría	solitario	Pilosa	Megalonychidae y Bradypodidae
P	perro [doméstico]	cachorro	manada	Carnivora	Canidae
C	perro, de oreja corta	cachorro	solitario	Carnivora	Canidae
C	perro, viejo pastor inglés	cachorro	manada	Carnivora	Canidae
P	petauro de azúcar	cría	colonia	Diprotodontia	Petauridae
P	pica	cría	colonia	Lagomorpha	Ochotonidae
P	ratón	cría		Rodentia	Muridae
*	rinoceronte	cría		Perissodactyla	Rhinocerotidae
S	saola	cría	solitario	Artiodactyla	Bovidae

Mamífero	Cría	Nombre del Grupo	Orden	Familia
(*) tapir	cría		Perissodactyla	Tapiridae
(C) tár, del Himalaya	cabrito	manada	Artiodactyla	Caprinae [subfamilia]
(A) tigre	cachorro		Carnivora	Felidae
(A) turón, patinegro	cría		Carnivora	Mustelidae
(*) tuza	cría o cachorro	solitario	Rodentia	Geomyidae
(P) uapití	cría de uapití		Artiodactyla	Cervidae
(*) uombat	cría		Diprotodontia	Vombatidae
(P) vaca	ternero, becerro (m) o vaquilla (f)	manada	Artiodactyla	Bovidae
(*) walabí	cría		Diprotodontia	Macropodidae
(*) zarigüeya	cría		Didelphimorphia	Didelphidae

Glossary

Apex predator: the animal at the highest point of the food chain, having no natural predators

Aquatic: growing or living in or near water

Baleen: the flexible bristles of keratin lining the upper jaws of toothless whales, used for filtering food out of ocean water

Breastfeed: to feed a baby milk directly from the breasts; used to describe the baby being fed as well as the mother feeding the baby

Camouflage: to hide by disguising appearance; for mammals, this means hiding in surroundings that mimic their coat pattern or color

Canine: a member of the dog family

Carnivore: an animal that eats the meat of other animals

Classification: the scientific ordering of living organisms into groups based on specific criteria

Colony: a group of animals of the same species that live together and depend on each other for their existence

Crepuscular: most active at dawn and at dusk

Dewlap: a loose fold of skin around the neck of certain animals

Diurnal: most active during the day

Domestication: the process by which a wild species is tamed or trained to rely on human care

Endemic: native to a specific region

Extinct: no longer in existence; having no living members

Feline: a member of the cat family, which is divided into two groups: big cats, such as lions and tigers, and small cats, such as ocelots and house cats

Fleece: the coat of wool-bearing mammals, especially sheep and goats

Flipper: one of the wide, flat limbs of certain marine mammals, arranged in pairs of two or four and used for swimming

Food chain: a series of living organisms in which each becomes food for the next

Fossorial: living mostly underground, characterized by digging and burrowing

Frugivore: an animal that feeds primarily on fruit

Gestation: the length of time in which mammalian offspring develop in the mother's uterus before birth

Habitat: the specific geographic location or type of landscape in which a mammal or other organism lives

Herbivore: an animal that feeds only on plant material

Hibernate: to spend the winter in a dormant or inactive state of low metabolism in order to save energy

Hybrid: the offspring of two animals that are of different species or breeds

Independent: not reliant on a group in order to thrive, especially among solitary mammals

Insectivore: an animal that feeds primarily on insects

Interdependent: reliant on other members of a group to survive, especially among social mammals

Invasive species: a species that is not native to and has no natural predators in an environment, thus negatively impacting the ecosystem it inhabits

Keratin: a protein that makes up body parts such as hair, fingernails, hooves, claws, and horns

Larynx: a hollow organ containing the vocal cords, found in the throat of mammals and some other animals

Limb: a jointed body part, such as an arm, leg, wing, or flipper, that is used for locomotion

Litter: multiple mammal offspring born at once to the same mother

Macropod: a member of the family of herbivorous marsupials, such as kangaroos and wallabies

Marine: of the sea or ocean

Marsupial: a type of mammal distinguished by the female's abdominal pouch, in which she carries her young after birth

Melon: a special organ in the head of toothed whales that allows them to hear under water

Membrane: a thin layer of tissue found in living organisms that may separate or protect organs, or may separate or connect different parts of the body

Milk: a fluid produced by female mammals to provide sustenance for their offspring

Monotreme: a member of the small order of egg-laying mammals, having only one opening through which the females lay eggs and pass all waste

Nectarivore: an animal that feeds mainly on the nectar of flowers

Nocturnal: most active at night

Nurse: to feed on a mother's milk; used to describe the offspring being fed as well as the mother feeding the offspring

Olfactory lobe: a section of the brain that controls a mammal's ability to smell

Omnivore: an animal that eats both plants and animals

Pack: a group of wild mammals that live and hunt together, especially canines

Pinniped: a member of the order of marine mammals that have front and rear flippers, such as seals, sea lions, and walruses

Placenta: an organ that develops along with the unborn offspring of most mammal species, providing oxygen and nutrients, and removing waste from the offspring's bloodstream during gestation

Predator: an animal that preys on other animals

Pregnancy: the length of time that a human mother carries her unborn offspring

Prehensile: capable of gripping or grasping, especially by wrapping around

Prey: an animal that is hunted by other animals for food

Primate: a member of the order of mammals that includes monkeys and apes

Proboscis: the elongated, muscular nose of some mammals that is usually flexible and capable of grabbing food or objects

Rafting: behavior exhibited by sea lions and other pinnipeds in which a group rests by floating together near the water's surface

Reintroduce: to deliberately place a species back into an area where it previously lived

Rostrum: the beak-like snout of certain animals such as dolphins, birds, and billfish

Rumen: the first chamber of the stomach in ruminants, in which food is initially broken down into cud

Ruminant: a hoofed mammal that chews the cud processed in its rumen

Sanguivore (also sanguinivore): an animal that feeds on the blood of other animals

Scavenge: to feed on garbage or the decaying meat of dead animals

Sea ice: large, floating chunks of frozen ocean water on which marine mammals live or rest

Semi-aquatic: an animal that spends much of its time in and around water, but does not live in water exclusively

Shed antlers: the antlers that fall off of a male deer each year between mid-winter and mid-spring

Social mammal: a mammal that lives in a large group of its species and is dependent on interaction with other members of the group

Solitary mammal: a mammal that lives by itself or in a very small group, such as with its offspring

Spur: a claw-like spike on the hind or front limbs of some animals, used as a defense mechanism

Symbiosis: the close interaction between two living organisms of different species, benefitting one or both

Territorial: showing behavior that defends an area within an animal's habitat

Trunk: the elongated, tubular nose of some mammals, such as elephants and tapirs

Tusk: a long, sharp tooth that protrudes from a mammal's closed mouth

Ungulate: a mammal with hooves

Uterus: the hollow organ in a female mammal that holds and protects the unborn offspring during gestation

Venom: a poisonous substance injected into a predator or prey by biting or stinging

Wean: to begin to shift a young mammal from drinking only its mother's milk to eating solid food

Wool: the soft, curly hair of sheep and goats

Glosario

Acuático: *que crece o habita en o cerca del agua*

Aleta: *una de las extremidades anchas y planas de un mamífero marino, dispuestas en pares de dos o cuatro y usados para nadar*

Amamantar: *alimentar a una cría con leche directamente del pecho*

Animal social: *mamífero que convive en un gran grupo de su especie y que depende de la interacción con otros miembros del grupo*

Animal solitario: *mamífero que vive solo o en grupos muy pequeños, tal como sus crías*

Astas mudadas: *los cuernos que se caen del ciervo macho cada año entre el invierno y la primavera*

Balsear: *comportamiento de leones marinos y otros pinnípedos donde descansan en grupo, flotando juntos, cerca de la superficie del agua*

Banquisas: *enormes trozos de hielo oceánico que flotan sobre el mar, donde descansan o viven mamíferos*

Barba: *las cerdas flexibles de queratina que forran la mandíbula superior de ballenas desdentadas, usadas para filtrar su alimento del agua de mar*

Bulbo olfatorio: *parte del cerebro que controla el olfato del mamífero*

Cadena alimenticia: *la serie de organismos vivos en el cual cada uno es el alimento del siguiente*

Camada: *múltiples crías nacidas a la vez de la misma madre mamífera*

Camuflaje: *ocultarse mediante cambios en la apariencia; para mamíferos esto significa ocultarse en sitios semejantes al color o patrón del pelaje*

Cánido: *miembro de la familia de los perros*

Carnívoro: *animal que se alimenta con la carne de otros animales*

Carroñear: *alimentarse de desperdicios o carne en descomposición de animales muertos*

Cavadores: *que viven principalmente debajo tierra y se caracterizan por cavar la tierra*

Clasificación: *ordenamiento científico de los organismos vivos dentro de grupos con base en criterios específicos*

Colmillo: *diente largo que sobresale de la boca cerrada de un mamífero*

Colonia: *grupo de animales de la misma especie que viven juntos y dependen los unos de los otros para su existencia*

Crepuscular: *más activos al amanecer y atardecer*

Depredador: *animal que depreda otros animales*

Depredador alpha: *el animal en el sitio más alto de la cadena alimenticia, que no tiene depredadores*

Destetar: *empezar a pasar al joven mamífero de alimentarse exclusivamente de leche materna a fuentes de alimento sólidos*

Diurno: *más activo durante el día*

Domesticación: *proceso mediante el cual una especie salvaje es amansada o entrenada a depender del cuidado humano*

Embarazo: *cantidad de tiempo que una madre humana lleva su bebé en el útero*

Endémico: *nativo a una región específica*

Especie invasiva: *una especie que no es nativa y no tiene depredadores naturales en un hábitat, resultando en un impacto negativo al ecosistema que habita*

Espolón o Espuela: *uña semejante a una espuela en las patas delanteras o traseras de algunos animales usadas para su defensa*

Extinto: *que ya no existe, al no haber miembros vivos*

Extremidad: *parte del cuerpo con coyuntura, tal como un brazo, pierna, ala o aleta, usada para locomoción*

Felino: *miembro de la familia de los gatos, que se divide en dos grupos: gatos grandes como los leones y tigres, y gatos pequeños como los gatos domésticos y los tigrillos*

Frugívoro: *animal que se alimenta principalmente de fruta*

Gestación: *período de tiempo en que se desarrolla la cría mamífera dentro del útero antes de nacer*

Hábitat: *el sitio geográfico específico o tipo de ambiente natural donde vive un mamífero u organismo*

Hematófago: *animal que se alimenta de la sangre de otros animales*

Herbívoro: *animal que solo se alimenta de plantas*

Hibernar: *pasar el invierno adormecido o inactivo en un estado metabólico bajo, para ahorrar energía*

Híbrido: *la cría de dos animales de distintas especies o razas*

Hocico: *las narices en forma de pico de ciertos animales como el delfín*

Independiente: *que no depende de un grupo para prosperar, particularmente entre mamíferos solitarios*

Insectívoro: *animal que se alimenta principalmente de insectos*

Interdependiente: *que depende de otros miembros de un grupo para sobrevivir, particularmente entre mamíferos sociales*

Lana: *pelaje suave y rizado de las ovejas y cabras*

Laringe: *órgano tubular que contiene las cuerdas vocales, ubicado en el cuello de mamíferos y otros animales*

Leche: *líquido producido por madres mamíferas para alimentar a sus crías*

Macropódido: *un miembro de la familia de marsupiales herbívoros, tal como los canguros y walabíes*

Mamar: *extraer la leche de la madre por la cría*

Manada: *grupo de animales salvajes que viven y cazan juntos, particularmente los cánidos*

Marino: *del mar u océano*

Marsupial: *un tipo de mamífero que se distingue por la bolsa abdominal de la madre, donde carga a su cría después de nacer*

Melón: *un órgano especial en la cabeza de ballenas adentadas que les permite escuchar debajo del agua*

Membrana: *capa fina de tejido en organismos vivos que separa o protege órganos, o puede separar o conectar distintas partes del cuerpo*

Monotremo: *miembro de una azpequeña orden de mamíferos ovíparos cuyas hembras tienen un solo canal para poner huevos y pasar excremento*

Nectívoro: *animal que se alimenta principalmente del néctar de las flores*

Nocturno: *más activo de noche*

Omnívoro: *animal que se alimenta de ambos, plantas y animales*

Papada: *pliegue cutáneo holgado que se forma debajo del cuello de ciertos animales*

Pinnípedo: *un miembro del orden de mamíferos marinos que cuentan con aletas delanteras y traseras, tal como las focas, leones marinos y morsas*

Placenta: *órgano que se desarrolla junto con la cría en el útero de la mayoría de especies de mamíferos, que proporciona oxígeno y nutrición, y elimina desechos de la sangre de la cría durante la gestación*

Prensil: *capaz de agarrar o empuñar, especialmente enroscándose alrededor de algo*

Presa: *animal cazado por otro animal como alimento*

Primate: *un miembro del orden de mamíferos que incluye los monos y los hominoideos*

Probóscis: *nariz larga y muscular de algunos mamíferos, que generalmente es flexible y capaz de agarrar alimento u objetos*

Queratina: *proteína que compone partes del cuerpo tal como el pelo, uñas, pezuñas, garras y cuernos*

Reintroducir: *intencionalmente regresar a una especie al área que habitaba anteriormente*

Rumen o Panza: *el primer compartimento del estómago de los rumiantes, donde inicialmente despedazan su alimento en bolo alimenticio*

Rumiante: *mamífero ungulado que mastica el bolo alimenticio producido en su panza*

Semi-acuáticos: *animal que pasa gran parte de su vida dentro de o alrededor del agua, pero que no vive en el agua exclusivamente*

Simbiosis: *la íntima interacción entre dos organismos vivos de distintas especies, para beneficio mutuo o de uno de ellos*

Territorial: *manifestación de comportamiento defensivo de un área del hábitat de un animal*

Trompa: *nariz alargada y en forma de tubo de algunos mamíferos, tal como los elefantes y tapires*

Ungulado: *mamífero que tiene cascos*

Útero: *órgano hueco de la hembra mamífera que contiene y protege a la cría en desarrollo durante la gestación*

Vellón: *pelaje de mamíferos lanudos, especialmente las ovejas y cabras*

Veneno: *sustancia nociva, inyectada en una presa o depredador mediante una mordida o picada*

Index

Índice

About the Author, Editor, and Illustrator

Dia L. Michels is an award-winning science and parenting writer who has authored or edited over a dozen books for both children and adults. While her topics include science and math books for middle grade students, her passion is promoting attachment parenting and supporting breastfeeding. A popular speaker, she lectures frequently at conferences, universities, libraries, and schools around the country. The mother of three grown children, she lives in the Capitol Hill neighborhood of Washington, D.C., with five cats and a dog. She can be reached at Dia@PlatypusMedia.com.

Growing up in the home of a physician, **Bonnie Hofkin**'s first picture books and early readers were medical journals and anatomy texts. With her interest in the human body thus igniting a lifelong love of art, she first obtained a BA in commercial illustration, followed by a master's degree in medical illustration. Subsequently, she embarked on a 40+ year career as a freelance illustrator. Still going strong, her unique style, in which an eye for accuracy and visual appeal is combined with a classical look reminiscent of the great Renaissance masters, is instantly recognizable.

Though school papers were some of her most dreaded assignments as a young student, **Sarah Cox** discovered her love of wordcraft during college. Now as a researcher and writer, she has the most fun when making complex subjects understandable, especially for children. Sarah holds a BA in History and is passionate about adding historical elements to any topic. When she is not at her desk, Sarah enjoys spending time with her husband and their Scotch collie, exploring the many forms of wildlife around their home in the Pacific Northwest.

Acerca de la autora, editora e ilustradora

Dia L. Michels *es escritora, premiada por sus libros de ciencias y crianza, ha escrito o editado más de una docena de libros para niños y adultos. Le encanta compartir su fascinación del mundo animal con los niños. De hecho, este es su cuarto libro sobre mamíferos. Su obra ha sido traducida a varios idiomas, incluyendo el español, bengalí, lengua criolla haitiana, hebreo y holandés. Una presentadora popular, frecuentemente participa en conferencias y da charlas en bibliotecas y colegios en todo el país. Madre de tres hijos adultos, vive en Washington, D.C., con seis gatos y un perro. Puede ser contactada en Dia@ScienceNaturally.com.*

Criada en casa de médico, los primeros libros de ilustraciones y lectura de **Bonnie Hofkin** *fueron revistas médicas y textos de anatomía. Su interés en el cuerpo humano le llevó al amor perpetuo por el arte, empezó por obtener primero una licenciatura en ilustración comercial, seguido por una maestría en ilustración médica. Eventualmente embarcó en su carrera de ilustradora independiente de más de cuarenta años. Siempre activa, su estilo único, reconocible de inmediato, combina detalles precisos y una atractiva estética visual, con un aire clásico semejante a los maestros del renacimiento.*

Aunque escribir ensayos escolares eran una las tareas que más la aterraban cuando era una joven estudiante, **Sarah Cox** *descubrió su amor por la escritura en la universidad. Ahora, como investigadora y escritora, lo que más le divierte es hacer comprensibles temas complejos, especialmente para los niños. Sarah es licenciada en Historia y le apasiona añadir elementos históricos a cualquier tema. Cuando no está escribiendo, Sarah disfruta pasando tiempo con su familia y observando las numerosas formas de vida salvaje que rodean su hogar en el Noroeste del Pacífico.*